JN438065

즐거운 한때

첫 저작품인 『자식을 부모의 팬으로 만들어라』가 베스트셀러에 오르고 나서

제2인생

▲ 부인 신정현 여사와 함께

30대에 석탑산업훈장을 수훈하던 날 ▶

▼ 2남 2녀의 단란한 가정

부인 : 신정현
이화여대 약대 약학과 졸업

장남 : 순구
서울대 경제학과 졸업
미국 하버드대 경제학박사
현 연세대 경제학과 교수

장녀 : 혜선
이화여대 교육심리학과 졸업
현 프로부모

차녀 : 지영
서울대 법대 법학과 졸업
동대학원 법학박사
뉴욕대 졸업 및 뉴욕주 변호사
현 아주대 로스쿨 교수

차남 : 준구
서울대 물리학과 졸업
동대학원 물리학석사
서울대 공대 전기공학부 박사
미국 듀크대 박사후 연구원
현 경북대 전자공학부 교수

執筆하는 저자

彫刻하는 저자 佛像 119位 造成

未堂 徐廷柱詩會賞을 수상하고 나서

# 中里 한두현(韓斗鉉) 시인

## ■ 약력

- 1938년 서울 상왕십리 출생. 부친 별세로 강원 원주 부론 노숲 성장(돌 때부터)
- 초등학교 6학년 때 6.25발발 2년간 농업에 종사하느라 진학이 늦어짐
- 중학 3학년 때 학생회장으로 정의의 혁명심이 발동하여 전교생을 7일간 동맹휴학으로 이끌어 목적을 달성하였으나, 장기정학처분 및 수석졸업에 品行可를 받음
- 국립교통고등학교(국비) 졸업. 서울대학교 공과대학 졸업
- 35년간 섬유업계 종사, 상장회사 대표이사 사장 역임 후 자진 은퇴, 제3인생 시작
- 국가발전기여공로 석탑산업훈장 수훈
- 기술사, 발명가, 글지이, 조각가
- 문예사조 시 신인상 당선 문단 데뷔
- 문예사조문인협회 회원, 서울시낭송클럽 상임위원
- 한국문인협회 회원, 국제펜클럽 한국본부 회원

## ■ 수상(詩부문)

- 문예사조문학상 본상 수상
- 한국자유시인상 대상 수상
- 未堂徐廷柱시회상 수상

## ■ 시집

- 인연(제1시집)
- 인왕산(제2시집)
- 서원의 길(제3시집)
- 마중물(제4시집)
- 몽당연필(제5시집)
- 징검다리(제6시집)
- 태풍아(제7시집)
- 어느 여의사(제8시집)
- 몰록(제9시집)
- 호모사피엔스(제10시집)

## ■ 저서

- 자식을 부모의 팬으로 만들어라 〈자녀교육해법 124장〉 나남출판
- 자식에게 무엇을 가르쳐 세상에 내보낼 것인가 〈뿌리교육해법 124장〉 나남출판
- 자식을 우리의 옛 이야기로 길러라 1, 2 〈이야기 인성교육 620마당〉 나남출판
- 자식교육 이제는 프로부모의 시대다 〈전문부모의 길 74장〉 나남출판

## ■ 病歷

- 6.25때까지는 식욕부진 하복부복통 학질 등 잦은 병치레로 몸이 쇠약했음
- 고2초에 폐결핵 발병하여 대학졸업 때까지 6년간 치료를 받음
- 27세 때 극심한 식중독으로 사경을 헤매다 간신히 살아남
- 74세 때 패혈증으로 생존율 5% 상태까지 이르렀으나 기적적으로 깨어남
- 75세 때 패혈증 후유증으로 봉와직염 발병 발목뼈 염증으로 수술 후 지팡이 짚음
- 76세 때 가장 악독하다는 췌장암 발병으로 수술 후 간단한 항암치료를 했으나,
- 77세 때 간으로 이전되어 2개월밖에 못산다는 사형선고를 받고도 강력한 항암치료 24회(1년간)와 방사선溫熱치료로 현재 79세까지 살아 있음.

中里 韓斗鉉 全集 2

# 한두현 詩 전집

을지출판공사

# 한두현 詩전집 2 _ 차례

中里 韓斗鉉 全集 2

# 한두현 詩 전집

## 抒情의 노래

# 차례

## 抒情의 노래

### 제1부 기러기 아빠

## 제2부 풀꽃의 묘비명

## 제3부 징검다리

## 제4부 여기는 화성이로소이다

# 제1부

# 기러기 아빠

# 4월이 오면

4월이 오면
몽실몽실 꽃가마가
청와대로 밀어닥쳐 에워쌉니다

꽃가마는 점점 불어나
북악산 인왕산을 기어 올라
북으로북으로 행군합니다

꽃가마에는 누가 탔는지
마산 진해 먼 길을 오고서도
지친 기색 없이 보무당당합니다

아마도 그날의 젊은 영령들이
이 땅에 진정한 자유 평화 아쉬워
해마다 꽃가마 타고 오나 봅니다

언젠가 우리 국민 레벨 업 되어
나라 걱정 없어지거들랑
꽃구름으로 갈아타고 극락왕생하소서.

—4 · 19에 즈음하여

2006. 4. 19

# 가라앉는 계절 가을이 오면

허공을 떠돌던 수많은 먼지
차분히 가라앉아 하늘을 높이고
밤 도토리 익어 떨어지는 가을이 오면
마음속 흐리던 탐욕도 고개 숙여
자꾸만자꾸만 가라앉는다

나무 그림자 먹물처럼 짙어가고
거니는 숲 속 색 풀벌레 소리
칙칙해지는 바위 빛 가을이 오면
마음의 색도 어느덧
자꾸만자꾸만 짙어 간다

노닐던 철새 고향으로 돌아갈 채비하고
산천초목도 정기 모두어
뿌리로 돌아가는 가을이 오면
마음도 그지없는 뿌리 찾아
자꾸만자꾸만 되돌아간다.

2006. 9. 25

# 가여운 버려진 낙엽

늦가을 세찬 비바람아
너는 가엽지도 않으냐
젖은 채 땅 위에 버려진 저 낙엽이

비명 한 번 크게 지르지도 못하고
어깨 축 늘어뜨린 채 잡은 손 놓쳐 버려
밟아도 사각사각 소리조차 낼 수 없는 그대

무얼 그리 서두르는가 무심한 비바람아
태양이 빛나고
흰 구름 멀리서 손짓하는 내일이 오면
콧노래 흥얼거리며 하늘하늘 떨어질 텐데

제 수명 다하도록 내버려 둔다 해도
새싹 움트는 돌아오는 봄은 아직 멀지 않더냐
널브러진 그대 보노라면
병상의 끈 놓쳐 버린 가여운 친구들 생각나.

2006. 11. 28

# 계곡(溪谷)의 깊은 뜻은

새벽녘 선잠을 깨우는 계곡의 물소리

저 군중의 함성 소리
바위를 뚫는 징 소리
초목을 튕기는 현악기 소리
몰려오는 혁명군의 군악대 소리

토해 내는 검붉은 피는 통행을 제한하는 계엄령

바위를 굴린다
사람을 삼킨다
천년 묵은 때를 벗겨 낸다
뼈를 깎는 혁신의 몸부림 볼수록 통쾌하다

작은 암자 문 열어젖히고 지그시 눈 감은 산 사나이

저 계곡 억만 년을 살고도 늙고 죽음 넘어
끊임없이 새 생명 잉태하는 비결
이제야 깨달은 듯
산허리에 걸친 무지개 타고 날아오르는 꿈을 꾼다.

2005. 6. 28

# 꽁초의 독백

맛나게 핥고 빨던 우리 애인
욕망 채우면 휙 내동댕이쳐
그냥 던져 버려도 좋으련만
구둣발로 눌러 버리는 비정함이란!

내 어쩌다 이런 대접 받게 되었나
안방 거실 사무실 책상 위에는
늘 우리의 예쁜 집이 마련되어 있었지
운 좋은 날이면 새 애인 만나 사랑도 받고

이 방 저 방에서 우리 집 어디론가 사라지고
바람 부는 베란다 껌껌한 비상계단 구석에서
누구에게 들킬라 허겁지겁 애무하다
찬 바닥에 누워야 하는 가련한 내 신세여!

누가 자기더러 사랑해 달랬나
좋아하던 애인 집 한 칸 마련 못할 양이면
구구로 가만히 놔둘 일이지
나 이토록 추한 모습 만드는
그대 마음 헤아리기 어려워라.

2006. 12. 9

# 낙선재 감나무

왕조의 설움 얽히고설킨 낙선재
주인 잃은 감나무 한 그루
푸른 숲의 제왕 되어
오백 년 지켜 온 충신에 주려는 듯
눈물방울인 양 빤짝빤짝 맺혀 있구나

나 그대 볼 때마다
외로이 생 마감한 비운의 감나무 생각나
6 · 25 남침 그 해 따라 가지 꺾이도록 달린 감
피난 길 주인 도령 허기질세라
빈집 홀로 지키다 전사한 우리 집 감나무

산전수전 다 겪은 낙선재 감나무여!
주렁주렁 열린 감 피난길 쓰임 말고
지하의 순국선열 혼 일깨워
흉기 든 전과자에 위협받는 이 강토
부디부디 안전하게 지켜 주지 않으련.

2006. 10. 31

## 배은(背恩)

어둠 마시며 자라나는 다디단 배은의 열매
한번 맛 들이면 헤어나기 어려워
깊은 수렁만이 기다리고 있을 뿐

허우적거리며 먹고 먹은 배과(背果)로
한없이 늘어난 몸 가눌 길 없어
밑으로밑으로 가라앉는다

고래고래 지르는 비명 소리
악취 진동하는 웅덩이엔
스잔한 메아리만이 되돌아올 뿐

살아서는 괴물 신세
죽어서도 날개 접힌 영혼 되어
천상을 그리며 깊은 땅속을 헤매 돈다

어둠이 짙으면 새벽이 동네 어귀에 들어서듯
배은이 넘쳐 나니 머지않아 보은의 싹이 움터
역겨운 내음 스러들고 맑은 향기 솟아오르리.

2005. 6. 11

# 선인문(宣人門) 회화나무

외로운 회화나무[槐木]* 한 그루
창경궁 동편 아담한 선인문 지킴이

그 얼마나 몸부림쳤길래
비비 틀린 몸 검은용 되고

겨우겨우 지팡이 의지한
땅에 닿을 듯 말 듯 꼬부랑 허리 가련해

노론 등쌀에 뒤주 속 원혼된
사도(思悼)세자 이야기 아직도 되뇌이나

흐르는 개울물 스치는 바람 잡고
밤낮없이 소곤소곤거리는 회화나무여!

이제 그만 슬픈 사연일랑 내려놓고
극락왕생 빌고 또 빌어 줌이 좋지 않겠나.

* 뒤주에 갇힌 사도세자가 죽은 곳에 서 있던 나무.

2006. 11. 13

# 새벽 마지미*

구시렁구시렁
추운 밤 지루하다고
여기저기서 새어 나오는 신음 소리

신문 돌리는 거친 숨소리에도
낙엽 쓰는 빗질 소리에도
자비로운 새벽 그냥 지나치지 못해

꼬르륵 꼬르륵 창자 소리에도
산사의 목탁 소리에도
어둠의 껍질을 벗어던진다

쿨 쿨 쿨 쿨
코 고는 소리는 안 들리는지
수만 번 듣고도 스쳐 지나가는 새벽

동쪽으로 동쪽으로
오늘도 어둠을 뚫으며 달린다
앉아서 맞기에는 너무 송구스러워.

* 마지미 : 마중의 사투리.

2007. 1. 12

# 엄마 닮은 우산

세찬 비바람이 몰아치는 날이면
행여 찬비 맞고 감기 들을라
뼈가 부러지고 살이 터져도
주인 위해 몸을 던지는 우산

올 듯 올 듯 비 한 방울 오지 않는데
손에 들려 나오는 날이면
제 잘못도 아닌데 주인 낯 깎일라
안절부절 아무 데나 머릴 처박는 우산

허구한 날 골방에 외로이 앉아
모쪼록 오늘 하루도 주인의 좋은 날 되고
날이 개나 비가 오나 관심 가져주길 기도하는
짝사랑에 빠진 마음씨 고운 우산이여!

2005. 7. 14

# 오색 품은 봄비

오색 품은 봄비 대지를 물들인다
바위 틈에 얼굴 내민 새싹은 초록 물
뒤란에 사운대는 개나리는 노랑 물
온 산 덧 덮여 놓은 진달래는 빨강 물
고결한 자태 뽐내는 목련은 하아얀 물

오색 품은 봄비 속살대면
잠자던 개구리 보랏빛 꿈에서 깨어나고
먼 산 뻐꾸기 앵둣빛 노래로 임 부르고
거리 메운 청춘 남녀 오색 물결 이룬다

자연의 조화 아름답고 어여쁜데
인간의 빨간 마음 파란 사상
노랑 믿음 회색 신앙 피 내음 스러들 줄 몰라
봄비 고개 젓는 아지랑이 되어 하늘하늘 떠나네.

2006. 3. 22

# 춘당지(春塘池) 풍경

하늘 땅 그려 만든 창경궁 춘당지
둘러친 오색 단풍 제철 만나
발길 멈추고 연못 속 들여다 본다

물속 뛰놀던 붕어도 떠가는 흰 구름도
날아가는 기러기도 예쁜 단풍 되어
내 그리던 아름다운 세상 여기 있네

하염없이 연못 속에 빠져 있는데
어느덧 오염된 세속 내 눈동자
오색 단풍나무 되어 빤짝이는구나.

2006. 11. 23

# 팔려 온 돌하르방

두 눈 부릅뜨고
허구한 날 둘러봐도
아는 이 하나 없는 낯설은 이방
시끄러운 경운동 넓은 길가

큰 코 벌름벌름
아무리 맡아도맡아도
비릿한 고향 내음 간 곳 없고
자동차 내뿜는 가스 숨 막혀

북녘 차디찬 바람 견디기 어려운
구멍 숭숭 뚫린 검정 옷
너무너무 튀어 더욱더 싫지만
옷 한 벌 인색한 설운 세상

갤러리 지키느라 진종일 서 있어도
따뜻한 눈길 다정한 손길 주는 이 없어
오늘은 고향 소식 들을 수 있을까
남쪽 바람 불어오기만 기다리는 돌하르방.

2006. 11. 4

# 푸른 숲 속 감나무

토굴 속 참선하던 스님
홀연히 어느 날 얼굴 내밀듯
여름내 은둔하던 푸른 숲 속 감나무가
산들바람 낙엽 타고
아름다운 자태 드러내는 늦가을

중용의 도 깨달은 도인(道人)인 양
너무 차지도 뜨겁지도 않은 다정한 색신
벌레도 어려워하는 크기 알맞은 홍옥열매
까치 다람쥐 주위 맴돌고
지나는 발길 뗄 줄 모른다

감나무에 넋 잃은 길손들아!
내 편 네 편 즐기는 두목 한탄한들 무슨 소용
지혜의 밝은 눈 부릅뜨고
닮은 감나무 지도자 찾아
평화롭고 행복한 세상 만들어 보시구려.

2006. 10. 30

# 한줄기 소나기

병든 병아리인 양 잔뜩 움츠린 여린 잎사귀
고사리 손 비벼비벼 기도하고
땀 흙먼지 덧씌워진 소년농부의 몸
불가마에 구워지려 할 즈음

한줄기 소나기는 차라리 자비의 손
와! 하는 환호성 여기저기 터지고
호미 대신 책 들고 벙글대는 소년 농부
몸 가눌 수 없이 마신 풀들 비스듬히 누워 있는데

몇 년째 계속 되는 놈현 가뭄에
다 타들어가는 우리 국민
기우 염원 부족하단 말인가
아직도 한줄기 소나기 구름 보이지 않네.

2006. 7. 31

# 나무의 눈물

나무가 운다 눈물을 흘린다
나무가 우는 것은 쌀쌀한 날씨만이 아니라
이별이 슬프기 때문이다
떠나가는 쓰르라미와의 헤어짐
피땀으로 보듬어 온 귀여운 자식들의 떠나감
여름 내내 안간힘 쓰며
걸음마 하던 할아버지의 사라짐
나무는 이별을 슬퍼하는 줄 아는가 보다
인간은 슬픈 눈물 없이
부모를 잘도 보내는 세상인데

나무가 운다 눈물을 떨어뜨린다
나무가 우는 것은 하늘이 파래서 만이 아니라
가련함이 슬프기 때문이다
아름답던 야생화가
누렇게 떠서 시들어 가는 가여움
부모에게 버림받은 어린아이들의 어두운 표정
자식에게 외면당한 노인들의 안타까운 심정
나무는 가련함을 슬퍼할 줄 아는가 보다
인간은 저 하나 잘 살아 보겠다고
어린 자식 늙은 부모 동댕이치는 세상인데

나무는 애절한 사연 빼곡히 적힌 눈물방울을 떨어뜨린다
어느 누구도 거들떠보지 않는 눈물방울을
노오란 눈물이여! 그대는 왜 그다지도 노오랗단 말인가
혹 그대는 자식 부모 버린
싹수 노오란 사연을 담았단 말인가
빠알간 눈물이여! 그대는 왜 그다지도 빠알갛단 말인가
혹 그대는 피를 불러 올
죽음의 재 사연을 담았단 말인가
언제 파아란 희망의 사연을 담은
기쁨의 눈물 흘리는 날 오려는가.

2006. 10. 16

# 낙엽의 노래

인적 드문 등산길
낙엽이 하늘 높이 날아오른다
오색의 대지를 구르며 노래 부른다
자유가 이처럼 좋은지 몰랐노라고

높은 곳에 있던 놈 낮은 곳에 있던 놈
둥글게 생긴 놈 뾰족하게 생긴 놈
누런 놈 빨간 놈 한데 어울려 노래 부른다
평등이 이처럼 편안한지 몰랐노라고

자식들 효도에 흐뭇한 어머니
오는 봄 다시 출산을 다짐하며 미소 짓는다
솔잎 갈잎이 업연을 넘어
진정한 하나 되기를 기원하면서.

2005. 11. 29

# 내 영혼 맑히는 머위선비

언제 보아도 심장 닮은 녹색 도포 한 장
몸에 걸친 청빈한 머위선비
부모 물려 준 몸 깎고 잘라
뜯어고치는 이 세상
무슨 절개 그리도 굳어 흔들릴 줄 모르는가?

천년을 하루같이 쓴맛 나는 소리로
목숨 걸고 바른말 하는 머위선비
달콤한 말만 골라 하는
아첨배 들끓는 이 세상
누가 알아준다고 고달픈 삶 이어 가는가?

맑은 공기 깨끗한 물만 마시고
깊은 계곡 떠나 살 줄 모르는 머위선비
선비에 목말라 하는 이 세상
그대 아침 저녁으로 나를 찾아와
흐트러지려는 내 영혼 맑혀 주는구나.

2006. 6. 21

# 눈꽃

지난밤
무슨 사연 있었나

까칠한 대지 품어
순결한 입술로 입맞춤하는
백의선녀(白衣仙女)

마른 나뭇가지 푸른 솔
저만치 서 있던 이끼 낀 구층 석탑도
순백의 화신 되어
활짝 피운 사랑의 눈꽃

얼마 만이던가
찬란한 눈꽃이여
가련한 눈꽃이여

애타게 그리던 연인들아
힘껏 포옹 하려무나
이런 기회 다시 오기 어려우리

핸드폰을 꺼내 든다
혼자 보기 너무 아까워.

2006. 12. 18

# 닮아 가는 비상계단 풍경

하늘과 땅을 잇는 생명의 직행로
쓰임새 다채로워

오르락내리락
다리 힘 길러 주는 헬스장인가 하면

콧구멍 노랗게 물들이고
버림받는 꽁초들의 운동장인가 하면

보리밭 멀어
급해진 남녀의 주막인가 하면

못 만나 안달 난
젊은이들의 핸드폰 공연장인가 하면

예고 없이 바비큐 하는 날
닭이 살아 튀어나오는 제구실 구멍 노릇도 한다

아무래도
보노보 거시기를 닮아 가는 모양이지.

2006. 12. 30

# 불타는 별 동백섬

그대 언제 내려온 별이관데
아직도 봄만 되면
온몸 불살라 빛을 내는가

그대 불타는 뜻은
아마도 하늘나라 부모 형제 그리워
소식 전함이련가

그대 그리움 달래려
기나긴 은빛 모래 은하수 삼아 거느리고
형제 닮은 오륙도 오늘도 바라보네

천여 년 전 외로운 구름 한 점
그대 찾아와 무슨 하소연 하였관데
지금도 사람 입에 오르내리게 하는가

여름이면 해운대 백사장 덮는 인파
날이면 날마다 그대 탑 되어 돌고 도는 선남선녀
외로운 시절 다 지나고 밝은 미래가 손짓 하네

세계 정상 불러 모은 동백성(東白星)!

그대 이름답게 동방의 빛나는 별이 되어
우리 지구 밝혀 주는 큰 등불이 되어 다오.

2006. 7. 1

# 미안하다 오장육부여!

헐레벌떡 달리고 달린 세월
사랑하는 동반자 오장육부여
너무너무 미안하구나

꾀피울 줄 모르는 그대들
배려할 염도 냄 없이
내 의지대로만 달리고 달린 무모함

간이여 심장이여 허파여……
너희들이 신음 소리 삼킨다 해도
세세연년 세배드려 그대들 안부 물으련다

어차피 우리는 함께 뛰어야 하는 운명
지친 자 약한 자 있으면
배낭도 메어주고 부축도 해 주어야지

아무리 빨리 멀리 달리고 싶다 해도
가장 느린 자에 맞춰야 가장 빨리 간다는 이치
너무 늦게 깨우친 나 용서해 주렴.

2006. 5. 26

## 비는 하늘이어라

뉘라서 시들시들 죽어가는
곡식을 살려 낼 것인가

뉘라서 쩍쩍 입을 벌려 신음하는
논바닥의 갈증을 풀어 줄 것인가

뉘라서 바싹바싹 타 들어가는
중생의 마음을 시원하게 적셔 줄 것인가

뉘라서 찾는 이 드문 외로운 집에
선물 보따리 멘 손님으로 찾아 줄 것인가

뉘라서 논밭 몇 뙈기와 허약한 몸뿐인
소년 가장 농부의 학비를 대 줄 것인가

주룩주룩 비가 내리는 날이면
정신이 맑아지고 힘이 샘솟는 소년농부의 마음이 된다

아무리 수해가 크고 세상 사람이 비를 탓한다 해도
비는 생명이오 보물이오 축복이오 하늘이오

종지 잔이 넘친다 탓하지 말고
축복의 잔을 키우는 지혜가 그리운 계절이어라.

2006. 7. 29

# 삶이 걸음마인 것을

담장엔 아침 햇살 마중 나온
나팔꽃 봉오리
보랏빛 핑크빛으로 단장하고
뽀시식뽀시식 걸음마로
청초한 꽃을 피운다

외양간엔 어미소 뱃속을 갓 나온
어리디어린 송아지
양수가 채 마르기도 전
안간힘 써 겨우겨우 일어나
비실비실 걸음마로 삶의 투지를 불사른다

대청마루엔 엉금엉금 기어 다니던
어린 손자
해맑은 얼굴에 초롱초롱 눈망울 굴리며
뒤뚱뒤뚱 넘어질 듯한 걸음마로
인생의 첫발을 내디딘다

사랑 마당엔 두 발이 모자라
지팡이에 의지한 할아버지
겁먹은 표정으로 넘어질세라 조심조심

천근 같은 한쪽 발 질질 끌며
걸음마로 생명의 줄다리기를 한다

한 발짝에 즐거운 추억을
한 발짝에 잊고 싶은 회한을
한 발짝에 오늘 살아 있음의 기쁨을 되씹으며
삶이 걸음마인 것을
어렴풋이 깨닫는다

하루하루 굽이굽이마다
걸음마를 해야 하는 삶
걸음마인 줄 모르고 천방지축 날뛰는 어리석은 중생
선생은 제자를 멍들게 하고
위정자는 나라를 위태롭게 하는구나.

2006. 9. 18

# 비만(肥滿)

토실토실 살찐 약병아리
뒤룩뒤룩 살찐 집도야지
비만은 달콤한 사육의 표상

사육된 돼지와 닭이 팔려 나간다
그들은 자기 생명을 저당 잡힌 노예

뒤룩뒤룩 살찐 인간들이 지구에 출현했다
문명에 사육되고
상혼에 사육되고
무사유에 사육된

사육된 인간들이 어디론가 팔려 나간다
비명 한 번 크게 질러 보지도 못하고

사육을 거부하고 야생을 꿈꾸는 인간들이
여물을 먹으며 산야를 달린다
자유롭고 날쌘 멧돼지라도 되려는 듯이.

2005. 7. 11

# 세배(歲拜)나무 일곱 그루

내 정원의 주인 세배나무 일곱 그루
꽃 피우고 열매 맺고 그늘과 땔감 주는
환갑이 다 된 아름드리 큰 나무

정초 물 한 번 주면 잘 자라
신뢰의 열매 행복의 열매 기쁨의 열매
돈 주고도 살 수 없는 귀중한 열매 맺어

어릴 적 시뻘건 살 드러낸 황량한 내 정원에
묘목이 생기면 한 해도 거르지 않고 심고 가꿔
한때 빼곡히 들어차 무성했던 나무들

세월의 무게 견디지 못해 하나 둘 사라지고 남은 보배
나는 가꾸련다 이 생명 다 하도록
세배나무야 세배나무야 부디부디 오래오래 살아주렴.

2007. 1. 3

## 수능(修能) 한파(寒波)

올해도 어김없이 찾아 준 수능 한파
꺾인 기세 못내 아쉬워

밤새워 기도하는 어머니의
기도발 약해서인가

자꾸자꾸 줄어만 가는
수험생 숫자 탓인가

열혈 엄마 등 돌려
기러기 아빠 늘어서인가

크나큰 뜻 이뤄 보려는
희망찬 수험생 줄어서인가

언제 우리나라 기세 하늘을 찔러
매서운 수능 한파 다시 몰아오려나.

2006. 11. 16

# 여름친구 CBN*

언제 보아도 뽀야안 피부
보드라운 살결에 날씬한 키
뜨거운 여름날 차가운 체온으로
타는 속을 시원하게 식혀 주는 그대

꾸밀 줄 모르는 타고난 질박함
모자라지도 넘치지도 않는 구수한 맛
줄 줄만 알고 바라지 않으니
누군들 그대 좋아하지 않겠는가

만나면 만날수록 즐겁고
헤어지면 다시 만나고 싶음은
그대 겉과 속내가 다르지 않아
뒷맛이 개운함이리니

이기심으로 똘똘 뭉쳐진 우리 인간
그대 닮은 좋은 친구 찾을 줄만 알고
자기 자신은 되려 하지 않으니
무슨 염치로 만나길 바라겠는가.

* CBN : 냉콩국수.

2006. 6. 10

## 등산일지(登山日誌)

요염한 네 자태
벌린 듯 오므린 듯 다리 사이로 흐르는
지류를 따라 올라가면
녹음 짙은 수풀 등선
숨은 턱에 닿고 땀으로 흠뻑 멱을 감는다.

북한산
그대는 최고의 코디네이터
색채로 소리로 향기로
매번 새로운 모습으로 홀리는 그 솜씨
보면 볼수록 새록새록 빛난다.

이 세상 어디인들 그대만 한 연인 또 있을까
오는 이 가림 없이
맑은 공기 맛난 젖 흘려 먹이고
언제 찾아도 반겨 주니
포근한 엄마 품 같은 여인이어라.

오늘 하루
생동하는 그대 만나 회포 풀고

오욕(汚辱)에 물든 몸과 맘 말끔히 씻어내니
그대 닮아 삶의 질 맑게 꾸리고 싶어라.

2006. 5. 5

# 오줌목

깊은 산속
하늘만 빼꼼한 으슥한 자리
나를 반겨 손짓하는 상수리나무
이름도 정겨운 오줌목!

그대와 매주 만난 인연 어언 30년
붉은 홍삼 노란 비타민 온갖 특식 때문인가
내 키만 하더니만 하늘을 찌를 듯
우뚝 솟아 도토리 엄마 되었네

내 그대 곁에 다가간 이유야
잠시 사람 눈 피난처 찾아 불 끄려 함이지만
이제 우리는
서로의 안녕이 궁금한 사이가 되었지

오늘도 그대 찾아 들르니
백년손 맞는 장모인 양 온몸으로 반기고
토실토실 살찐 다람쥐
무엇을 안다는 듯 끄덕끄덕 머리 조아린다.

2006. 7. 14

# 창경궁 느티나무

창경궁 지킴이
밤낮 가리지 않고 춘하추동 오백 년
긴 목 뺀 채 당당히 서 있는 느티나무여!

한때 외적을 막지 못해
치욕의 나날도 있었다만
어찌 그것이 그대 잘못이랴

오늘도 백 살이 아직 먼 애늙은이들이
옹기종기 모여 앉아 정치가 어떻고 사회가 어떻고
그대 반의 반만이라도 말보다 실천을 했던들

그대 인기 짱이라
너도나도 사진 찍고 그림 그리고 시 읊어 대지만
언제나 한결같이 무덤덤한 그대 표정

시공을 초월한 깨달은 자이련가
묵묵히 가부좌 틀고 앉아 천년이 하루인 양
참선 삼매경에 들어 있는 그대 닮고파.

2005. 12. 21

# 체중 선생 그대 있어

체중(體重) 선생 그대 있어
책 읽기 좋아하고 조각하는 나
날이면 날마다 끌어내어
하루는 종묘 돌아 창경궁
하루는 인사동 훑으며 삼청공원
하루는 황학동 뒤지며 청계천
봄 · 여름 · 가을 · 겨울
동서고금 두루두루 만나는 즐거움

고희 언덕에 다다른 나에게
더 크고 좋은 선물 있으니
혈압 혈당 콜레스테롤
문지방 넘어설 염도 못 내고
장단지 노루 뒷다리 닮아
가파른 언덕 오르는 젊은이 정력

하루 2만 보 그대 바람 알지 못해
애꿎은 배를 줄이며 불평불만도 했지
이제 그대는 나의 주치의
아침 · 저녁 내리는 진단 따라
조금만 조절하면 된다네

남달리 높은 효율 찌는 살 지겨워
부리던 짜증과 미움 기쁨과 사랑 되어
원망을 은혜로 일깨워 준 체중 선생
나 그대의 영원한 팬으로 남으리.

2006. 3. 9

# 청계천 영미 다리

어머니 그리운 날이면
어느덧 새벽 다리
맑은 내 다리 지나
영미 다리 빨래터에 서 있는 나를 만난다

어머니 생애의 황금기
이 부근 상왕십리에 보금자리 틀고
갓 낳은 아들 기저귀 빨며
퇴근하는 남편 기다리던 시절

내 돌 막 지나 청상 되어
집 팔고 고향으로 내려가기 전 짧디짧은 삶이나
영미 다리 빨래터 얘기는 수없이
메아리쳐 아직도 생생하다

뽀야안 물보라 속 빨래하는 아낙네들 나타나
도란도란 속삭이는 소리 방망이 소리 귓가에 쟁쟁한데
옥빛 물속 피라미 후손들
그 옛날 전설 안다는 듯 꼬리쳐 나를 반긴다.

2006. 5. 15

# 동지(冬至) 꼬리

얽히고설킨
말 많고 사연 많은
기나긴 동지 꼬리
하루 한 마디씩 잘려 나간다

하루는 개구리 놈이 한 마디
하루는 구렁이 놈이 한 마디
하루는 꿀벌 놈이 한 마디
하루는 나비 놈이 한 마디

하루는 하얀 범이 한 마디
하루는 싸움소가 한 마디
하루는 흰 손 갈매기가 한 마디
하루는 떠돌이 철새가 한 마디

잘리고 잘리다 보면
따뜻한 봄 멀지 않았으리
꼬리 잘리는 소리 듣는 즐거움
무에 견줄 수 있으리오.

2007. 1. 13

# 호국 영령의 신음 소리
–현충일에 부쳐

신음 소리 들린다
호국 영령의, 무엇과도 바꿀 수 없는 젊은 목숨 바친

춥거나 배가 고파서가 아니다

오만 방자해진 조국
배부르고 등따습다 하여 흥청망청 뒤죽박죽

나라 지킨 고귀한 피 헛되지 않을까 저어하여.

2007. 6. 6

# 경칩(驚蟄) 오는 건가

땅이
흔들리는듯
기지개 켜는 하품 소리에

겨울
한 철 묵언(默言)도
견디기 얼마나 어려운데

벽(壁)귀
무서워
입 자물쇠 녹슨 지 오래된 곳

경칩
오기는 오는 건가
시퍼런 눈발 몰아치는 북녘에는.

2007. 3. 13

# 아스팔트의 까만 눈동자

여름날
까만 아스팔트가 까만 눈물로 운다
뜨거운 열사의 고향 그리워

참기 어려운 동토(凍土)
쉼 없이 가해지는 압박의 굴레
굶주림 핍박 얼마이기에 까만 숯덩이 되어

무작정
타이어에 달라붙어 달린다, 수천 리 수만 리
두만강 건너 백두산을 넘어 낯설은 황야로

눈물이 괸다
아스팔트의 까만 눈동자에
떠날 기회 다시 오지 않을까 두려워

언젠가
까만 아스팔트에도 비둘기 떼는 날아오려나?

2007. 6. 13

# 철쭉꽃의 기상(氣像)

지나친 사랑 속
여리디여리게 자라난 무녀리 진달래
이리 꺾이고 저리 먹히는 모습 닮지 않으려

튼실한 몸
눈부신 광채 뿜어대는 늦둥이 철쭉
독기마저 품은 듯한 카리스마 누가 감히 넘보랴

순국선열의 화신이련가?
주변 이리 떼 넘실대는 이 강토
그대 불타는 정열 보고 있노라면 마음이 놓여.

2007. 5. 3

# 첫 시집

070201-*
돼지띠
탯줄 잘린 알몸

쭈글쭈글한 얼굴
여기저기 피멍 든
산고(産苦)

꾸미지도
꾸밀 능력도 없는
순수함

세월은
너 닮은 아기 잉태는 할 수 없으리
모반(母班)수술 하느라고

젖 싸매고
미역국이나 실컷 먹으렴
시모(詩母)여!

* 070201- : 첫 시집 주민등록번호 앞자리

2007. 02. 01

## 시집보내는 날
– 첫 시집

부랴부랴
준비 안 된 딸
시집(詩集)보내는 심정

배운 것 모자라
촌스러운 용모
힘없는 친정

낯선 문화 환경
구박은 받지 않을까
쫓겨나는 건 않을라나

어떤 고달픔일지라도
참고 기다려 주렴
시집(詩集)살이도 차차 나아질 테지.

2007. 2. 5

# 에스프레소(espresso) 커피

영혼마저
빼앗아 갈 듯한 매력

짙은 갈색향의 맛
쌉쌀하면서도 그윽한 구수함

언제 만났다고 너무 익숙해
전생의 추억까지 더듬곤 한다

에스프레소 그대는
졸여졸여 만든 커피의 엑기스

어느 땅 어느 누굴
만난다 해도 기죽지 않는 당당함이여!

얽히고설킨 글뭉치 활활 불태워
그대 닮은 에센스 시(詩) 한 줄 뽑아내고파.

2007. 4. 7

# 시는 기호 식품

시는 어차피 기호 식품

존재하지 않는다
누구나 좋아하는 시도
누구나 싫어하는 시도

쌀밥보다
마호타이의 맛과 향 오래 남듯
많다고 우쭐댈 일도
적다고 기죽을 일도 아니다

쓰고 싶다
맞춤형의 시를, 기호품 만들어 내듯

막걸리 애호가를 위해 막걸리 같은 시를
와인 애호가를 위해 와인 같은 시를
초콜릿 애호가를 위해 초콜릿 같은 시를
담배 애호가를 위해 담배 같은 시를
모르핀 애호가를 위해 모르핀 같은 시를

두려워할 게 없다
애호가 있고 없음을, 확보된 그대 있으매.

2007. 4. 25

# 군중 속의 자유

종로 한복판 사람 사람 사람
촘촘히 짜놓은 카멜레온 모포(毛布)
어스름 이불속 얼굴 없는 군상들

네 활개 친다 큰 소리를 지른다
샅샅이 훔치는 밤 만난 고양이 눈
빨간 입술 탱탱한 S라인 따라

꼬치안주로 채운다 문어발을 씹는다
젊은이 늙은이 가난뱅이 부자
짜리몽땅 킹카 얼짱 가림없이

오른쪽으로 가다 왼쪽으로 틀어도
앞으로 달리다 뒷걸음질을 쳐도
튕겨 나오지 않는 넉넉함을 믿으며.

2007. 1. 5

## 황혼(黃昏)

보드라운 어둠의 커튼
서서히 내리면
연인들의 뜨거운 포옹 깊어만 가고

현란한 세상 사라져
아늑한 어머니 품속 닮은
편안함이 기다린다

하루 종일 시달린
육신의 눈일랑 닫아걸고
마음의 창문을 활짝 열어 본다

펼쳐지는
넓디넓은 세계 훨훨 날아
다시 태어난 새 모습으로 밝은 아침 맞으리.

2007. 1. 18

# 30초의 마력(魔力)

저 멀리 뻐꾸기 소리
30초마다의 커브 커브
이리저리 트는 아담한 공간 속

산 숲 나타나다 도랑
오르막인가 하면 내리막
사이좋게 나누어 가진 그늘과 양지

개나리 진달래 함께 마중 나온
홍송 머리 숙여 반겨 주는 산책길
언제 걸어도 지루함이란 느낄 수 없어

삶의 권태 훨훨 날려 보내리
시 한 수 쓸 때마다
곡선의 마력 얻어 내어.

2007. 4. 11

# 실버스카이의 봄날

은(銀)벚꽃
화사하게 그려진
펼쳐 놓은 실버스카이 화선지

어느 것이
벚꽃인지 하늘인지
헷갈리는 봄 무대

화사(畵師)는 어딜 가고
남아도는 붓질 소리에
촉촉히 묻어나는 은은한 물감 향기

저 높은 언덕
은빛머리 신사
치켜든 턱 언제 내릴 줄 몰라

아름다워라
하나 된 벚꽃, 백발, 하늘이여!

2007. 4. 14

# 군자란이 입 열던 날

겨우내
묵언 참선 하는 듯
가부좌 틀고 앉은 수려한 군자란

눈발이
창문을 두드리는
꽃샘추위 떠들썩한 경칩 새벽녘

기적에
고개 돌려 바라보니
탐스러운 꽃망울 입 여는 소리

그대의
환한 빛 맑은 향
어두운 번뇌에 찌든 곳 밝혀 주렴.

2007. 3. 8

# 나이떡 먹는 정경(情景)

음력 2월 초하루

산골 초가지붕 아래
3대가 빙 둘러앉아
나이 숫자대로 떡을 먹고 있다

불을 켠 눈
떡 접시에 꽂고
입 안 가득히 씹어 삼키는 손자들

웃음 띤 눈
사립문 바라보며
먹은 숫자 늘릴 생각에 미소 짓는 아들

젖은 흐릿한 눈
먼산 바라보며
슬금슬금 손자 접시에 덜어 내는 할아버지

나이도 나이떡처럼
나눌 수 있는 세상을 꿈꾸며.

2007. 3. 22

# 기러기 아빠

기러기 아빠
말이 좋아
짝 잃고 찾아 나서지도 못하는 굴뚝새

등 굽은 수컷
물고기 잡아 바람에 실려 보낸다
식욕까지 잃어 가며

꿈속
코 골며 잠든
홀아비 냄새 찌든 방

자식 아내
손 흔들며 사라져 간다
끓여 먹은 라면 길이만큼 멀리멀리

만난들
꼬부라진 신 김치
스테이크 입맛에 어찌 맞추리.

2007. 4. 13

## 도심(都心)의 까치

서재 남쪽창 잘 보이는 곳

황금색 왕관(王冠)* 위
보금자리 튼 까치 한 쌍
거침없이 삶을 즐긴다

솔개의 위험도
엽총의 표적도
굶주림의 걱정도 날려버리고

내야 할 세금도
바쳐야 할 헌금도
침범할 도적도 없는 자유 맘껏 누린다

호텔 옥상 난간에 서서
V자 그리며
까치가 두려움 없이 울어 댄다

"인간이 가련타 인간이 가련타"
북녘 소식은 아는지 모르는지.

* 왕관 : 빌딩 벽에 부착된 CROWN호텔 마크.

2007. 3. 23

# 황사(黃砂)의 푸념

아스라이
머나먼 옛적부터
이주해 온 자랑스러운 우리들

이 땅
비옥하게 만든 일등공신
손님 대접은 바라지 않지만

얌전한 우리
폭도 취급은 너무해
홍수도 태풍도 아닌데

역겨워라
죽음의 재라도 되는 듯한 호들갑

언제는
흙냄새 좋다던 인간들아.

2007. 4. 4

# 벼락

천둥소리 놀라 정신 잃었나
수두룩한 짐승 놔두고 애꿎은 등산객만.

2007. 8. 4

## 사이
–탈레반 인질사태를 보며

나는 사이의 팬

집과 사무실 사이를 즐기는 하루

푸른 숲 사이를 거닐며 잠기는 사색의 유영

어느 이웃과도 사이를 두는 프라이버시의 삶

어느 누구와도 사이 없는 샴*처럼 되는 것은 거절

보수와 진보 사이를 누빈다, 어느 것도 완벽하지 않아

끌어당기는 힘 있다면 좋은 사이
아무리 떨어져 있어도

밀쳐내는 힘 있다면 나쁜 사이
아무리 가까이 있어도

불나방

나쁜 사이에 막무가내로 달겨드는

안타까워.

* 샴 : 샴쌍둥이의 뜻.

2007. 7. 26

# 슬픈 편지

서랍 속에서 우는 소리 들린다
주소 몰라도 힘든데
알면서도 보낼 수 없는 슬픈 사연.

2007. 3. 30

# 그리움의 비

그리움의 비 촉촉이 내려 젖어 드는 마음
떠내려 갈 듯 점차 폭우 되어 내린다
바람결에 임 소식 들으면 활짝 개일 텐데.

2007. 5. 28

# 새벽달

간밤 꼬박 지새웠나
임 소식, 야윈 얼굴.

2007. 8. 3

# 구름 사이 그믐달

임 찾기 부끄러운가
흰 이불 사이로 빠끔히 내다보는 선녀의 실눈.

2007. 8. 9

# 수다쟁이 계곡물

밤새는 줄 모르는 정분난 용녀애기 선녀애기.

2007. 8. 9

# 열린 숙정문(肅靖門)*

열어 놓으면 음기 성해 서울 여인네 바람난다는 숙정문
시대 물살 거스를 수 없었나 드디어 활짝 열리고 말았네
아이 우는 소리나 시원한 바람결에 실려 보내 주려무나.

* 숙정문 : 서울 성곽의 북문으로 삼청공원 뒤쪽에 있으며, 옛부터 이 문을 열어 놓으면 장안 여인네가 바람이 난다 하여 늘 닫혀 있다가 2007년부터 열어 공개함.

2007. 5. 20

# 열(熱)의 불가사의

어떤 킹카 어떤 힘과 권력도 해 내지 못하는 일
미녀들 맨팔 핫팬츠로 아름다운 몸매 드러내게 하고
움츠렸던 뭇 생명 꽃 피워 열매 맺게 하는
그대의 힘 놀라워.

2007. 5. 18

# 귀염둥이 까치

깍 깍 깍 소리 높여 울어 대는 까치
아침 일찍 창가에 찾아와 나 바라보며
나는 너에게 베푼 것이 아직 없는데 번번이
반가운 손님 기다리게 되는 즐거운 하루.

2007. 8. 18

# 칠석날 외출

일기예보 무시한 채 우산 들었다 놓고 나온 칠석날 외출
견우직녀 오랜만에 만나 기뻐 울고
헤어지기 슬퍼 운다는 날
땅의 조화 바뀌어 가는데 하늘이라고 별수 있겠나 싶어
만나 기쁘고 헤어져 홀가분해 웃었나
한 방울도 듣지 않은 하루.

2007. 8. 20

# 무궁화

삼청공원 산책길 지키는 무궁화 한 그루
어제도 오늘도 애틋한 사랑 놓쳐 버린 채
맏며느릿감 둥근 얼굴 환한 미소 짓지만
한뱃속 오누이 보듯 무덤덤히 스치는 발길.

2007. 8. 15

# 꽃샘추위 1

벙그는
꽃망울 얄미워
가던 발길 돌리는 춘심(春心)

예쁜 꽃
고운 자태 보고파
가던 발길 돌리는가?

겨울밤
옛 사랑방 정담 아쉬워
가던 발길 돌리는가?

골방에
갇혀 버린 밍크 가여워
가던 발길 돌리는가?

그대
연연하는 모습 보기 민망해
누구도 돌아가는 바퀴 세우지 못하는데.

2007. 3. 12

# 입춘(立春)

불공드린 입춘부적
경면주사(鏡面朱砂)*빛
문틀 위에 붙는 날

입춘대길(立春大吉)
힘찬 필체 하얀 한지
햇볕 담뿍 받아 내뿜으면

마당가 목련 벌거벗은 채
터질 듯 쪼만한 고추 내세워
다투는 소리 "내께 크냐 네께 크냐"

백마 탄 동장군 놀라 북녘하늘 날고
꽁꽁 얼어붙은 시냇물 땀 흘리는 소리에
땅속 개구리 기지개를 켠다.

* 경면주사 : 거울 바닥에 바르는 붉은 빛의 광물.

2007. 2. 8

# 벌 나비 된 봄꽃

벌 나비
수정하느라 바쁘디바쁜 봄꽃 동산

미안스러워진 봄꽃
선남선녀 마담뚜 자청한 듯

몰려든 쌍쌍청춘
헐떡헐떡 포옹한 채 물결치도록 이끈다

미끈한 꽃대 위 아름답게 핀 미니스커트
초록 하이힐 소리 멈출 때면 술 향기 그윽해

흐뭇해진 자연
풍작을 떠올린 듯 빙긋이 웃는구나.

2007. 4. 15

# 무너미 빨래골

무너미
맑은 물 넘쳐흘러 얻어진 고운 이름
삼각산 화계사 인접 산골짝

궁중 무수리 재잘댄다
불공드리는 상궁 따라와
빨래를 하는 건지, 꽃놀이를 하는 건지

힐끔힐끔
마주칠까 두려워, 훔쳐보는 나무꾼 떠꺼머리총각의 눈
가슴속 불덩이 삭혀가며

무수리 떠난 빨래골
재잘재잘 물소리 그칠 줄 모르고
맺힌 한 녹의(綠衣)되었나, 여기저기 널려 있네.

2007. 6. 15

# 홀아비꽃대

이른 새벽
굳은 대지 뚫고 불쑥 솟아오른 홀아비꽃대
하룻밤 지나 검붉은 막대 끝에 뿜어낸 흰 거품 덩어리

혹시나 하여
대어 본 코끝에 은은한 밤꽃향
땅속 신음 소리 전하려는 듯 파르르 떠는 꽃대여!

장하다 그대
하늘을 떠받쳐 보겠다는 그 기개
지독한 냄새나 풍기는 홀아비인간 스승이
되어 주지 않겠니?

2007. 4. 24

# 감기(感氣)

누가
최루탄을 쏘아 대나
눈물 콧물 재채기 기침

꼭꼭
싸매고 싸맸는데
어디 허술한 틈새 있었기에

당장
추방령을 내려
한판 싸울 수도 있다만

이왕
내 집 찾아온 올겨울 첫 손님
며칠 잘 먹고 잘 놀다 가렴

아주
심하지만 않게시리
언제고 다시 찾아올 양이면

그대
허약한 노인 어린이는 못 본 척 하렴.

2007. 2. 14

# 보은(報恩)의 길
– 어버이날에 부쳐

오르막길
올라도 올라도 정상이 안 보이는 난코스

계산이 안 되는
받은 것이 얼마인지 측정할 수 없어
갚아도 갚아도 받은 은혜 줄어들 줄 모르는 길

되돌아갈 수 없는
오르긴 했어도 뒤를 보면 천 길 낭떠러지
살아 숨쉬는 한 오를 수밖에 없는 숙명의 길

보람찬 길
오르면 오를수록 확 트이는 시야
부러움에 찬 뭇시선을 받으며 창공을 나는 마음.

2007. 5. 1

# 자랑이냐 품격이냐

다 놓아 버릴 나이에
숨겨 놓은 금송아지도 권세도 자식도

자랑 자랑 자랑
지난날 무슨 콤플렉스 그리 많아

괴롭힌다
몇십 년 만에 만난 친구 붙잡고

나무토막이면 개가 웃고
값비싼 향이라면 싸고 쌌어도 알게 된다네

마음 비우고 빙긋빙긋 웃게나
건강한 얼굴로 만난 것보다 더한 자랑 어디 있으랴

떨어뜨린 품격
되돌려 놓을 날 오기 어려우리니.

2007. 6. 25

# 산평선(山平線)

산평선
대청봉 올라 바라본 산과 하늘이 만난 일직선

놀라다
산평선 있음에 한 번, 단어 없음에 다시 한번

바다엔 수평선(水平線)
평야엔 지평선(地平線)

마음엔 심평선(心平線)
사람들의 마음 하나같이 고와 선 이루면 아름다우리.

2007. 6. 14

# 잔설(殘雪)의 응어리

그늘 땅
얼마나 춥고 서러웠길래
보드라운 손 이리도 거칠어지고

피눈물
흘려보내기 그리도 아깝더냐
간직한 마음 시퍼런 응어리 만들어

깔깔깔
지나는 이 자빠뜨리고
저리도 통쾌히 웃어 대는가

그대
들리지 않느냐
쉼 없이 돌아가는 저 소리가

햇볕
머지않아 따뜻이 비춰리니
풀어버리렴 .

2007. 3. 10

# 박물관

한 점 이룬 기나긴 시간 속
너른 공간 응축시켜 펼쳐 놓은 세상

못난이 마부의 광대놀이도
총소리 화약내도 정지된 세상

이혼으로 버려진 아이도
노부모 학대의 패륜아가 없는 세상

깨진 기왓장이 임금 부럽지 않고
용장 어디 가고 말안장만 빛나는 세상

나이 많을수록 후한 대접
지위니 사상 따위 빼내 버린 알짜만의 세상

아픔의 고통과 윤회마저 사라져
영원히 살아 숨쉬는 보라색 꿈의 세상

옷깃을 여미며 출구에 선다
극락정토 떠나기 아쉬워.

2007. 7. 11

## 엘리베이터

팔다리도 없는 몸이 잘도 업어 나른다
그대 닮은 인간 만나면 꼭 좀 알려 주렴.

2007. 8. 3

# 홍수

왜 붉은 물이 되었는데?
내 이름까지 바꾸다니
자기네가 여기저기 붉게 파헤쳐 놓고
지난번 왔을 때는 사람 만나기 참 어려웠는데.

2007. 8. 7

# 고추잠자리

힘찬 쓰르라미 소리 스르르르 사그라들 제
비어 가는 허공 채우려는 듯 날라온 빨간고추잠자리 떼
너마저 한몫 거들려 하는가? 들려오는 늙은이의 부음
고개 넘어오는 오색단풍이나 보고 가면 좋을걸.

2007. 8. 20

# 범종(梵鐘)소리

안개비 휩싸여 빛도 소리도 숨죽인 산골짝
터지는 함성인 듯 애절한 통곡인 듯 범종이 운다
천상지옥 거쳐 오는가?
가슴속 맴도는 환희와 고통의 소리.

2007. 5. 25

# 무궁화여 번지어라

무궁화여!
7천만 그루는 아쉬워
3억 그루쯤은 되어야지

지구촌 구석구석
그늘진 곳 찾아 환한 등불 밝히려면

그대의 고결한 자태
어디에 간다 해도 흐트러짐 없이
온 세상 아름다운 동산으로 가꾸어라

그대는 미래의 주인공
하루하루 새로 태어나는 무서운 변신
어느 누가 있어 감히 따를 수 있으랴

순수에 집착, 어리석어
좀 붉으면 붉은 대로 검으면 검은 대로
더위와 추위 이겨 내는 강한 체력 만들어야지

안주(安住) 마라, 나라꽃에
사랑 받는 세계의 꽃으로

활짝!

2007. 5. 19

## 슬피 우는 종묘 숲

말복 마중 나온 어느 날 오후
검푸르른 종묘 숲이 슬피 운다
축 늘어뜨린 어깨 위로 눈물을 뚝뚝 떨어뜨리며

쓰르락 쓰르락 쓰르락 쓰르락
음맴 음맴 음맴 음맴 음맴
쌤 쌤 쌤 쌤 쌤 쌤 쌤 쌤 쌤
쓰르르르르르르르르르르르르르

이깔나무 굴참나무 신갈나무
스므나무 푸조나무 비슬나무
들메나무 황철나무 메밀잣밤나무

나무마다 자기음색으로 울어 댄다
세상이 떠나갈 듯 큰 소리로

기다리면 다시 올 여름
무에 그리 슬퍼

소리 죽여 우는데
아무 기약도 못 받은 채
종묘공원 가득 메운 저 노인들은.

2007. 8. 7

# 여행의 맛

짜릿함
낯설은 만남의
반복되는 지루한 일상을 떠나

떠나네
어제도 오늘도 내일도
시간과 돈과 육신마저 투자하며

아는 사람은 안다
삶이 바로 짜릿한 여행임을
어제와 다른 오늘 속에서 참신함을 찾아내며

하는 이는 한다
상상과 정보를 두 바퀴 삼아
날마다 새로운 미지 세계로의 여행을

나래를 편다
현세에 안주하랴, 전생과 내세까지
비좁은 지구 떠나 저 너른 우주 속을 날으리.

2007. 6. 28

# 장가계 얻은 장량(張良)*

천하를 얻은 유방(劉邦) 한 시대에 그치고
지방에 숨어든 장량 오늘날도 이어지니
누가 장자방의 복이 한고조만 못하다 하겠는가?

* 장량 : 한(漢)나라 고조(高祖) 유방의 개국공신으로, 책략이 뛰어난 사람을 장자방이라는 말이 여기서 유래함. 살아남기 위해 장가계로 낙향하였으며 묘가 그곳에 있음.

2007. 6. 4

# 윤봉길 의사(尹奉吉義士)를 맞으며

보고팠던 홍구공원에 서니
그 당시 폭발음 아직도 남아 귓가에 울려오고
아수라장이 된 기념식장 풍경 눈에 어른거리네

그대는 불사조(不死鳥)이련가
우리 눈앞에 의연히 나타나시니

그대는 불로초(不老草)를 드셨나
지금도 24세의 청년 모습 지니셨으니

그대의 불멸(不滅)의 업적
날이 갈수록 더욱 돋보여 길이길이 남으리

오늘 비로소 알만 하구려
진시황도 못 이룬 꿈
늙지 않고 죽지 않는 법이 있음을.

2007. 6. 7

# 황룡동굴(黃龍洞窟)*

땅속 궁전 6만 평
얼마나 큰 용이 살았기에 이리도 크나

잘도 가꾸었네
돌로 조각한 기이한 석순 석주 폭포 장막도 모자라
여기저기 남근상
흐르는 강 호수 폭포의 맑은 물소리 귀를 씻어 주는구나

누군들 한번 와 이 많은 조각품 자세히 볼 수 있으랴
여정에 쫓기어 배에 올라 떠나는 마음

내세에는
물방울 흠뻑 받으며 좌선하여 깨달은 석상 되고파.

* 황룡동굴 : 장가계에 위치한 석회동굴.

2007. 6. 8

# 한산사(寒山寺)*

중국 5대 명찰 한산사
미친 거렁뱅이 선승(禪僧) 한산(寒山)의 이름을 딴

습득(拾得) 행자의 도움으로 목숨 부지한 일화
두 거지승의 우정 돋보여

겉보다 속 볼 줄 아는 당나라이기에
한산은 문수(文殊) 습득은 보현(普賢) 되어
다정히 우릴 반기네

여기저기 걸린 그대의 시 읽으니
다 떨어진 옷 미치광이 짓 한 그 심정 알 듯하구나.

* 한산사 : 중국 절강성 소주에 위치한 1500년 고찰.

2007. 6. 9

# 쩐언(千원)의 노래

아직도 귓가에 쟁쟁
한 개 쩐언, 두 개 쩐언

기분 나쁘지 않아
한 개 쩐언 사고 돌아서면 두 개 쩐언

싸게 사면 흥정 잘한 기분
더 주고 사면 베풀었다는 흐뭇함

쩐언의 노랫소리 지고 새는 장가계야
만언의 가사로 고쳐 부를 날도 머지않은 듯하구나

뛰는 중국 잠자는 한국
마냥 즐겁지만 않은 쩐언의 노랫소리여!

2007. 6. 19

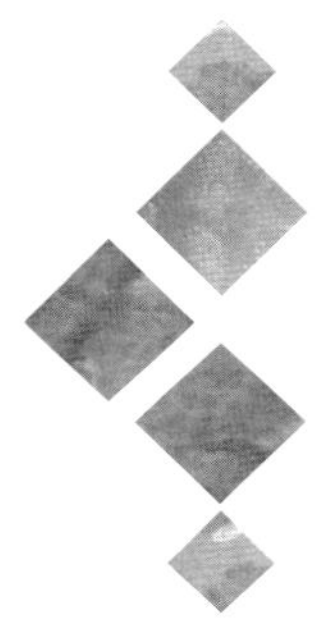

# 제2부

# 풀꽃의 묘비명

# 야누스의 봄바람

얼마 만인데
얼마 만인데
봄바람 오른팔 창문 두드리고 돌아다닌 지

얼굴 내밀었는데
얼굴 내밀었는데
이제 겨우 분홍커튼 열어젖힌 꽃님 아가씨

밀쳐 떨어뜨리다니
밀쳐 떨어뜨리다니
봄바람 왼팔 무슨 심술 그리 사나워

평준화해야 한다니
평준화해야 한다니
뭐? 미추(美醜)의 격차 너무 심해, 너무 심해.

2008. 4. 14

# 남대문

고고한 선비 중의 선비
600여 년을 한결같이 꼿꼿한 자세로
우리를 지켜 주던 그대

임진왜란의 잿더미 속에서도
병자호란의 치욕 속에서도
일제강점기의 수탈 속에서도
6 · 25동란의 포화 속에서도

조금도 흐트러짐 없이,
호통 쳐 물리친 우리 자존심의 화신 남대문 피를 토한다
캄캄한 밤하늘 빨갛게 시뻘겋게 물들이며 무너져 내린다
새까만 재가 되어 주검으로

우리의 잘못이 그리도 엄청나단 말인가?
외침보다 더 무서운 병에 걸렸단 말인가?
이대로는 둘 수 없다는 판단을 내렸음인가?

그렇다 한들
살신성인 순국의 길은 너무너무 가슴 아파

역사를 부정하는 혼돈 속에서 정체성 잃게 만든 불순세력

우글우글대는 뒤룩뒤룩 살찐 무능한 철밥통 돼지 떼
갈기갈기 찢어 놓아 몽땅 남의 탓만 하게 만든 편 가르기 책동
얼 잃은 풍요의 위태로움 누구보다 잘 알기 때문이리니

부끄러워 죄송해
어찌 맨 정신으로 얼굴을 들 수 있으랴
그대의 지고한 순국의 거사 헛되지 않게
지키리 지켜 내리라

위기에 처한

우리나라!

2008. 2. 12

# 넝쿨장미에게

삼청동 골목길
굽어보는 높은 담장 위 넝쿨장미

너무 붉지 않으냐?
온 세상 빨강색소 독차지한 듯

너무 뜨겁지 않으냐?
작열하는 태양 닮아 가려는 듯

너무 요염하지 않으냐?
아름다움 겯줄 자 나와 보라는 듯

너무 당당하지 않으냐?
유격 임무 띤 잘 훈련된 무적의 군대인 듯

6월이 오면 왠지 불안해
붉은 깃발에 짓밟힌 쓰라린 추억 때문만은 아니야

인간이 너를 닮으려는지
너무 흥분을 잘하질 않나
너무 거리로 뛰쳐나오질 않나

너무 뜨겁게 밀어부치질 않나

대화가 실종되는 계절
너 때문만이 아니라는 걸 뻔히 안다만
조금만 덜 덜 덜 덜 하여 줄 수 없겠니?

2008. 6. 12

## 조각

홍송(紅松) 한 등걸
그 속을 어찌 알 수 있으리
이리 뒤척 저리 뒤척 살펴본들

언제 어디서
튀어 나올지 모를
썩은 놈은 버려야 한다
옹이 진 놈도 피해야 한다

한쪽은 붉고 한쪽은 희다 해도
한쪽은 강하고 한쪽은 무르다 해도
한쪽은 큰 무늬고 한쪽은 잔무늬라 해도
어느 한쪽을 버리지도 못하고 버려서도 안 된다

통하지 않는다
초지일관 밀어붙이기는
알맞은 계획으로 바꾸어 나가야 한다
하루하루 겸허한 자세와 예리한 통찰력에 의한

흰 놈 붉은 놈
무른 놈 강한 놈

큰 무늬 놈 잔무늬 놈이
한데 어우러져 이루어 내는 아름다운 조화

바라고 또 바란다
언제나 속고 또 속지만
조각(彫刻) 같은 조각(組閣)정치.

2008. 7. 21

# 촛불이여!

가냘픈
소복의 여인
꼿꼿한 자세로 두 손 모아 합장하는 모습

신(神)과 인간
맺어 주려는 듯
붉은 빛으로 하늘하늘 하늘 보며 손짓하네

신성한 존재
부모님 제상 위에서나
산사(山寺) 불보살 앞에서나 한결같은 느낌 주는

구도(求道)정신
누가 감히 따를 수 있으랴
자기 몸 불살라 어두운 세상 밝히는 살신성인의

설마 그대는 아니겠지
시골에서 몰려온 반딧불일 게야
뒤덮인 광장에 출렁이는 저 무수한 빛 빛 빛 빛 빛

꿈길인들 불장난이야

온 나라를 송두리째 태울지도 모를
어찌 고고(孤高)한 몸으로 바싹 마른 민심에 불을 붙여.

2008. 6. 4

# 검은 오후

–탈레반 인질 전원 석방 다음날

어찌 하늘이
저리도 울상
잔뜩 찌푸린 채 엉엉 울 수도 없다는 표정

어찌 땅마저
숨죽인 매미
겁에 질린 듯 간간히 보채는 아기울음뿐인

자취 감춘 까막까치
오작교 놓으러 갔다 아직 돌아오지 못한 듯

어두운 숲
나무들 시커먼 얼굴 서로 쳐다보는
금방 곡소리 터져 나올 것 같은 긴장감 속

이상해
기쁠 텐데 모두들
엊저녁 19명의 탈레반 인질 석방 소식

이제야 화가 났나
국민과 국가에 입힌 상처의 아픔 참아 온 게

젊은이 사지로 몰아넣어 무모한 불장난 즐기는 무리들에

얼마나 괘씸했길래!

2007. 8. 30

## 설

왠지?
나는 섧다

일제강점기에
못 쇠게 압박받은 조선 설의 설움
항일의 기수나 된 듯한 짜릿함으로 견딜 수 있었지만

해방된 조국에
한때 이중과세로 구박받은 설움도
지각 있는 이들의 끈질긴 옹호로 위안받을 수 있었지만

어렵게 명절반열에 올라
좋아라 한 것도 잠시 잠깐, 점점 속 빈 강정의 설움
나를 즐기는 연휴쯤으로 여기는데 누구 하나 거들떠보지 않아

해외로 국내로 떠나가는 인파 인파
자식이 있건 없건 땅이 꺼지는 독거노인의 한숨 한숨
굶어 허공을 헤매 도는 혼령들의 하늘을 진동시키는 저 비명소리

어찌
내가 섧지 않을 수 있으랴

내 이름이라도 바꿔 보고 싶은 이 심정

뉘 알리오!

2008. 2. 6

# 장마를 반기며

쏟아진다
퍼붓는다
복분자 든 가루지기 나타난 듯

속이 후련하다
갈증이 확 가신다

불타는 횃불
불타는 유가
불타는 불신

꺼질 줄 모르는 불 불 불
누구도 끄지 못하는 불 불 불

어찌 반기지 않으리 반갑지 않으리

쏟아져라
퍼부어라

불바다 면할 때까지.

* 가루지기 : 신재효의 판소리인 가루지기타령에 나오는 옹녀와 살다 죽은 난봉꾼 변강쇠.

2008. 6. 23

## 따뜻한 눈길

따뜻한 눈길[視線]
고파하던 어린이

들떠 대답했지
어디에 사는 ○○댁 아무개입니다

무관심이
모욕이던 어린 시절 지나고 나니

따뜻한 눈길은
차가운 빙판의 눈길[雪路] 되어

보낼 수 없지
겁에 질려 호루라기 불며 달아날 테니까

물구나무 선 채 세상을 바라본다.

2008. 4. 7

# 짜낸답니다

가문 하늘 미안했나 찔금찔금 몸속 물기 짜낼 때면
흥청망청 위정층(爲政層) 세금압착기로 국민의 피를 짜낸답니다

밤하늘 별들이 찍찍찍 똥별을 짜낼 때면
병상 떠날 환자 거의 바닥난 생명 끈을 짜낸답니다

혈기 왕성한 젊은이 넘치는 정력 소리 죽여 짜낼 때면
비실비실 늙은이 소변기 안고 끙끙거리며 오줌을 짜낸답니다

시험 보는 자식 뱅뱅 도는 머릿속 답 짜낼 때면
장사하는 부모 깊숙이 감추어진 손님의 관심 짜낸답니다

달빛바다 풀잎 목마르랴 영롱한 이슬 짜낼 때면
콜록콜록 노인 주름살 속에 묻혀 버린 낱말을 밤새워 짜낸답니다

궁한 시어머니 이리저리 변죽 울려 며느리 지갑 짜낼 때면
알아차린 며느리 요리조리 머리 굴려 갖은 엄살 짜낸답니다

부처님 오신 날 너도나도 가피(加被)*만을 짜낼 때면
염라대왕 앞에선 혼령 하지 않은 보시행(布施行)*
기억을 짜낸답니다.

* 가피 : 부처나 보살이 자비를 베풀어 중생을 이롭게 함.
* 보시행 : 자비심으로 남에게 조건 없이 베푸는 행위.

2008. 5. 13

# 허니문 소식

소식

기다리던
딸 시집(詩集)보낸 아버지

전화만 받으면
싱글벙글

씽글뺑글.

2007. 10. 2

## 이주민(移住民)

공원은
이주민 삶의 터전이런가?

일본에서 건너온 청자색 긴산꼬리풀꽃

중국에서 들어온 핑크색 금낭화

유럽에서 달려온 흰색 마얄리스

아메리카에서 날아온 푸른백색 밤나팔꽃

꽃 세계 잘은 몰라도
동생 공부시키려 왔는지
부모 병환 고쳐드리려 왔는지

활짝 꽃 피우는데
피부색 달라 튀어 좋다면서
예부터 그 자리에 살아온 듯 주인처럼 의연하게

힘없이 지나간다
이주민 외로움에 절은 듯한 동남아 새색시

축 늘어진 어깨 유모차 손잡이에 기댄 채.
자기 꼭 닮은 가무퇴퇴한 피부 눈이 새카만 아기 태우고.

2008. 5. 26

# 해후(邂逅)

논나생이 아니야
반갑다, 반가워
이게 얼마 만이냐?

서울에서 너를 만날 줄이야
넌 57년 전 그때나 지금이나 안 변했다
나는 이렇게 반백이 다 되었는데, 날 알아보겠니?

공주 피난 시절
너 아니었으면 어찌 내가 살아 있으리
늘 고마운 마음뿐 한 번 찾아가지도 못해서

뭐?
내 딸이 보냈다구?
고창 인촌선생 고향마을 청송 심씨 댁으로 시집(詩集)간

참 잘 왔다, 잘 왔어
온 김에 구경 실컷 하고 푹 쉬면서 쌓인 회포나 풀자꾸나

야! 정말

딸 시집하난 잘 보냈구먼
전화 한 통 없는 것들도 많은 요즘 세상에.

* 나의 제3시집을 받아 읽고, 친정이 고창인 아구탕집 심씨 아주머니가 고창에서 일부러 올려와 만들어준 논나생이 나물을 먹고 나서.

2008. 4. 3

# 생명끈

노란 해바라기의 생명끈은 붉은 태양이지만
깨끗한 연꽃의 생명끈은 더러운 진흙탕이랍니다

뽀얀 어린아이의 생명끈은 엄마의 자비이지만
회색 독거노인의 생명끈은 문 두드리는 소리랍니다

젊은이의 생명끈은 푸른 꿈이지만
늙은이의 생명끈은 손에 쥔 돈이랍니다

옥중 춘향이의 생명끈은 임 향한 단심(丹心)이지만
백의종군 이순신의 생명끈은 나라 향한 충정(忠情)이랍니다

짝사랑 마당쇠의 생명끈은 마님의 따뜻한 눈길이지만
바람난 마님의 생명끈은 한결같이 불타는 변강쇠랍니다

실향민의 생명끈은 두고 온 고향이지만
새터민의 생명끈은 자유로운 세상이랍니다

출중한 미색(美色)의 생명끈은 멋진 사나이의 사랑이지만
튀어오르는 연예인의 생명끈은 열렬한 관중의 박수 소리랍니다

중환자의 생명끈은 하루를 맞는 밝은 아침 햇살이지만

사형수의 생명끈은 하루를 넘긴 붉은 저녁노을빛이랍니다

희망의 생명끈은 긍정하는 마음이지만
시인의 생명끈은 거침없이 떠오르는 시상(詩想)이랍니다.

2008. 4. 24

# 깁누빈 바지

피시시식
방바닥에 앉는데 궁둥이 쪽에서 난 소리

아차 싶어
조심스레 손을 대어 보니 밑이 터진 소리

허둥지둥
집에 돌아와 예비바질 꺼내 입었지

또 피시시식
이 녀석은 더 크게 찢어지는 게 아닌가

얇고 가벼운 캐시미어 맞춤복
큰 맘 먹고 마련해 고이고이 7년 여름 입었는데

딴 천 대고 깁누볐지
버리자니 너무 정들어 아쉽고 입자니 다른 방도 없어

아주 훌륭해
기운 바지면 어떤가 몸과 마음이 편하면 되는 게지

그대 보고 깨우쳤다네
기운 수명이 이리도 멋지게 이어 갈 수 있음을

수명 있는 뭇 중생들이여
터지거든 기우고 기워 오래오래 보석처럼 쓰임이 어떠하리.

2008. 5. 19

# 응당 있어야 할 자리엔

얼마 만에 찾아간
50년 전통의 낙원동 뒷골목 할매밥집
응당 있어야 할 자리엔 낯선 떡집 간판만이 막아서네

오랜만에 만난
야무지고 앳된 소꿉친구 얼굴
응당 있어야 할 자리엔 주름파인 탈만이 눈에 보이네

풍문에 들은 부음
부딪치면 껄끄러워 피하던 사람
응당 있어야 할 자리엔 괴롭히던 증오심도 간 곳 없네

매년 보내드린 연하장
어김없는 따뜻한 은사의 답신
응당 있어야 할 자리엔 뜻밖의 서거소식만이 가슴 울리네

때때로 창가에 날아와
기쁜 소식 전해 주던 반가운 까치
응당 있어야 할 자리엔 주인공 기다리는 베란다만이 쓸쓸하네

아차차 싫어

허둥지둥 찾아본 초발심(初發心)*
응당 있어야 할 자리엔 변함없이
밝은 표정으로 나를 반겨 주누나.

* 초발심 : 처음으로 불도(佛道)를 깨닫고자 발원하는 마음.

2008. 6. 9

## 시를 쓰면서부터

시를 쓰면서부터
길섶 이름 모를 들꽃의 아름다움에도 눈을 뜨기 시작했지

시를 쓰면서부터
허공을 맴도는 외로운 영혼의 소리에도 귀를 열기 시작했지

시를 쓰면서부터
숨겨진 인간 구린내에 민감해져서 코를 벌름거리기 시작했지

시를 쓰면서부터
맛깔스러운 멋진 삶을 찾아서 혀를 널름거리기 시작했지

시를 쓰면서부터
몸을 낮추어 짓밟히는 지렁이의 아픔까지도 느끼기 시작했지

시를 쓰면서부터
어떤 일이든 거꾸로도 생각해 보는 마음의 유희를 하기 시작했지

시를 쓰면서부터
외로움을 달래 주는 수다스러운 새 친구 하나를 얻은 기분이야.

2008. 5. 22

# 결혼 기념일의 볼멘소리

나와 보라고 해
나보다 더 중요한 날 있으면
가정의 화목 그대 삶의 행복을 위하여

쉽게 깨지는 유리그릇
둘 중에 하나가 사라져도
서로서로 뜻이 맞지 않아 헤어져도 나는 나는

우습게 안단 말이야
"어쩌다 깜빡 잊었다"는 둥
"뭘 그런 것까지야"라는 둥 제 생일은 꼭꼭 챙겨 먹으면서

요즘은 더욱 엉망이야
결혼 기념일인지 이혼 기념일인지
만나는가 하면 어느덧 헤어지고 헤어졌나 하면 다른 이 만나니

60층 기념탑은 세워야지
보석이나 꽃이나 맛있는 음식이 아니더라도
둘이 합심하여 정성껏 한 켜씩 쌓아 올린다면 내 어찌 돕지 않으리.

2008. 6. 2

## 행복을 알게 될 때

궁핍해져 굶주리면서
배불러 밥투정하던 때 행복은 버스 타고 떠난 걸 알게 됩니다

낮은 학력 멸시받으면서
공부 않고 놀던 때 행복은 버스 타고 떠난 걸 알게 됩니다

부모 잃고 나서
모시기 힘들어 괴로워할 때 행복은 버스 타고 떠난 걸 알게 됩니다

할 일 없어 빈둥대면서
일하기 싫어 뿌징뿌징댈 때 행복은 버스 타고 떠난 걸 알게 됩니다

너른 집에 단둘이 살면서
자식 기르느라 속 썩일 때 행복은 버스 타고 떠난 걸 알게 됩니다

점점 대머리가 되면서
젊어 숱 많은 머리 구박할 때 행복은 버스 타고 떠난 걸 알게 됩
니다

식욕 떨어지면서
살찔까 다이어트 부르짖던 때 행복은 버스 타고 떠난 걸 알게 됩
니다

몸에 몹쓸 병 들고 나서.
세상만사 귀찮다고 불평할 때 행복은 버스 타고 떠난 걸 알게 됩니다.

2007. 7. 3

## 뛰어도 뛰어도

뛰어도 뛰어도
나갈 줄 모르는 발
주척주척 박자만 예전 그대로

어찌 저리도 빨리
눈비 가리지 않고 뛰어온 세월 무심해

뼈만 앙상한 체구
특전사 출신인 양 심상찮은 군복차림
툭 불거진 눈에서 뿜어내는 강렬한 기

무슨 투병
한쪽으로 기우뚱한 자세
주척주척 빠른 걸음도 너끈히 제쳐, 희망을 걸게 한

3년 지난 오늘
쏟아 부은 피땀 어디로 갔는지
제자리 뛰기가 되고 말아

몰랐나?
"하면 된다"만 있는 게 아니라는 것

노인이여!
뛰다 걷다 기다 눕는다 해도
다시 태어나 눕다 기다 걷다 뛰는 기쁨 새록새록 느끼리.

2007. 8. 29

# 하늘나라 하루살이

하늘하늘
하늘나라 하루살이
차창에 나부낀다
헤드라이트 불빛에 달려든다

새까만 아스팔트 위
이리저리 흩날린다
하얀 하루살이의 주검
삶이 얼마나 고달팠기에 저리도 가벼이

오자마자
마감할 삶인 걸
이 세상 무에 그리 좋아
밤낮 쉬지 않고 헐레벌떡 달려왔나

이제 보니
하늘나라 멀지 않아
하루살이 밤낮 하룻길이건만
어찌 소식 한 번 전하지 못 하는가?

한 번 간 님이여!

* 눈발이 휘날리는 캄캄한 새벽길에서.

2008. 1. 23

## 소식(小食)

쌀 몇 섬 고기 몇 근 술 몇 말 태어날 때 지닌 복(福)
바닥날세라 아껴아껴 고루고루 소식해야 길어지는 삶.

2008. 7. 17

# 유효기간

냉장고에 있었거나
냉동실에 있었거나 상관없이
유효기간 하루만 지나도 버리는 세상

냄새 맡아 보고
혀로 맛보아 괜찮다 싶으면
먹어 치우던 지난날이 아무래도 정겨워

병원을 메운다
공원을 덮는다
생물학적(아이생산)으로나
경제학적(돈벌이)으로나 유효기간이 지난 인간들이

건강보험이 휘청댄다
국민연금이 바닥을 드러낸다
견디다 견디다 못한 젊은이들이
유효기간 지난 것 내다 버려도 뾰족이 할 말을 잃는다

방법이 영 없지는 않을 성싶다
유효기간 지난 우유가 치즈로 업그레이드 되듯
우리 인간도 유효기간의 단단한 밧줄 끊어버리고

치즈처럼 승화하여 다시 태어나야 지구촌은 아름다우리

인간치즈로!

2008. 2. 21

## 횡보동상을 바라보며

"폐허(廢墟)" 동인
횡보(橫步) 염상섭(廉想涉)* 선생
기막힌 종묘공원 명당자리에 앉아 있는

사람이 그리워
시간 보내기 지루해
집구석에 있기 눈치 보여
빵 한 쪽 밥 한 그릇 얻어먹고 싶어
누굴 잡고라도 쌓인 한 풀어보려 모여든 노인들 틈새

혹 그대
염라국(閻羅國)의 이승 취재특파원
아니면 예심판사 자격으로 온 건 아닌가?

안 듣는 척
못 알아듣는 척
먼 산만 바라보는 게 아무래도 수상해

잘 봐 주시소
순수하다 못해 바보같이 살아온 저들
일만 하고 자식 뒤치다꺼리에 등 굽어버린

타내시구려
저승노벨상이나
날마다 귀 아프게 들어온 저들의 사연 엮은 소설 써.

* 염상섭(1897~1963) : 소설가, 기자, 서라벌 예술대학 학장, 예술원 종신회원 등 역임.

2008. 5. 29

# 삭힌 홍어탕

삭아 꼬부라진
호호백발 할머니

홀로 앉아
가슴팍 식탁에 기댄 채

자기 닮아
흐물흐물 곤죽이 되어

코를 콕콕 찌르는
잘 삭힌 홍어탕 뚝배기 끌어안고

호호 불어가며
오물오물 씹어 삼키더니

뭐라 카드라
그래 그래 맞아 맞아

웨르빙
웨르빙 식품이야

이게 바로!

2008. 2. 2

# 천리마의 고뇌

스피드에 취해
쉼 없이 달려온 하루 천 리 길

너무 빨리 달렸나
주위에 보이는 이 없어

뒤돌아 가기엔
너무 멀리 떨어져 나왔나 봐

앉아 기다리자니
마음이 말을 듣지 않아

달리자니
몸이 말을 듣지 않아

이름뿐인 천리마
타박타박 걷는 하루 백 리 길

느림의 행복 깨우칠 날 오려나
백 리가 천 리보다 힘든 하루하루.

2008. 5. 1

## 힘없는 이를 위한 백중
– 무주고혼(無主孤魂)이여!

백중(百中), 음 7월 15일

후어이 후어이
절로절로 빨리빨리
어찌 일년을 더 기다리리

우란분절(于蘭盆節)
고통 받는 영혼 천도(薦度)해 준다는
목건련(目犍連)존자 지옥에 떨어진 어머니 구해 낸 날

풍성한 음식
좋은 곳으로 보내 준다니 어서어서

쭈뼛쭈뼛 마오
저 소리 안 들리오, 자손 없어 헤매는 이 부르는

어찌 지낼까?
착하디착한 머슴 이씨 할아범
의용군에 외아들 잃어 젯밥 끊긴
백중이면 빳빳이 풀 먹여 다린 새 옷에
받은 용돈 거나하게 취해 흥겹게 양산도 한가락 뽑던

가보오 가보오
절로절로 빨리빨리, 아직도 구천이거든

꼭!

2007. 8. 28

# 구름 한 점

어디서 날아왔을까

외로운 학 한 마리
날갯짓 멈춘 채 떠도는
아득히 넓고 푸른 가을하늘 속

한가로운 그대의 삶
누군들 바라지 않으리
달리는 차(車)속에서도 뛰어야 사는 우리 인간

절제된 그대 행위
누군들 깔끔하다 미워하리
무리 지어 해와 달 가리지 않으니

돋보이는 그대 모습
누군들 부러워하지 않으리
저 푸른 하늘의 주인공인 양 의젓하니

언젠가 우리 인간도
그대처럼 높은 도(道) 이루어 내어
날로 혼탁해져 가는 이 세상 바로잡으리.

2007. 9. 18

# 모기를 애도함

웬 극성?
서리 내리는 상강(霜降)에
철통같은 방어망 뚫고 들어와

그대 비명횡사(非命橫死)
나 살생의 죄(罪) 지으니
너무 가슴 아파

얼마나 좋으냐?
지나친 욕심 부리지 말고
천수(天壽)를 누렸으면

두 손 모아 빌어 본다
다음 생(生)에는 잘 태어나
부디 행복해지길.

2007. 10. 25

# 무(無)

나
욕먹기 싫은데
툭하면 내 이름을 써먹어

무 무 무
없다 없다 없다

잉어가
뇌까린다
"바다란 없다"고, 창경궁 춘당지 속에서

깔 깔 깔 깔
인간들이 웃어 댄다
"자기 눈으로 본 것만 있다" 한다고

내 눈엔
잉어나 인간이나 그게 그건데
누가 누굴 보고 웃어 대는 것인지

저 함성
들리지 않느냐?
내 말에 감동받은 유정(有情) 무정(無情)들의

부인당한 존재의 슬픔!

2007. 11. 1

# 가을하늘

비취색의 깊고 깊은 가을하늘 속
뜨거운 지구가 "텀벙" 다이빙을 한다
여름내 찌든 땀 말끔히 벗겨 내려는 듯
혹! 오시던 님 발길 돌릴까 저어하여.

2007. 9. 8

# 안개를 기리며

그대가
나의 도반(道伴)이 될 줄이야

늘
시야가 확 트인 천리안(千里眼)을 갈망했기에

그대의 미덕(美德)
알아차리기엔 상당한 세월이 흘렀지

안보일 듯하지만 보여 주는
막힌 듯하지만 트여 주는
버린 듯하지만 보드랍게 감싸 주는

그대 있어

지난날 상처 아물어들 수 있었지
조심조심 한 발 한 발 내딛게 되었지
오만을 버리고 겸허히 살 수 있었지
삶의 스릴도 느끼고 성취감도 얻을 수 있었지
부끄러운 결점도 적절히 가릴 수 있었지
깊이깊이 생각하는 삶을 살아가게 되었지
늘 촉촉한 분위기 속에서 목 타지 않을 수 있었지

한마디로

현재를 알차게 살아가게 한 좋은 도반이야
과거 집착 벗어나고 알지 못하는 미래에
연연하지 않게 함으로써.

2008. 6. 30

## 행복

새벽에 눈을 뜨니
새로운 세상 나를 반겨 주는 듯

온몸 구르기
부드러워 힘이 절로 샘솟는 듯

일어나 하는 맨손체조
가벼워진 육신 날아갈 듯

해우소(解憂所)
몸 안 청소로 온갖 걱정 사라진 듯

아침밥 맛있어
가던 입맛 되돌아온 듯

아무리 생각해 봐도
오늘 흥 깰 일은 없는 듯

뻥 뚫린 도심 길에
페달 밟힌 자동차 제 세상 만난 듯

서재 창가 까치소리
깍깍 깍깍 반가운 소식 기다리라는 듯

퇴근길엔 조그마한 선물이라도 사 들고 가고픈 마음

내일도 오늘만 같기를……

2007. 12. 13

# 조랑박

원두막 초가지붕 조랑박* 3형제
너무너무 꼭 닮은 한배 새끼들
얼구떨던* 엄마 아빤 간 곳 없이
남겨진 사리인 양 반짝반짝 빛난다.

* 조랑박 : 표주박이 아닌 작다는 뜻의 조랑(矮)박임.
* 얼구떨던 : 잘못될까 봐 정성을 다한다는 뜻.

2007. 10. 11

# 모녀 궁둥이

너무나도
꼭 닮은 모녀(母女) 궁둥이

전생 어느 별에 살던
자매였을까 쌍둥이였을까

엄연히
다른 아빠 핏줄인데 어찌 저리도

시앗인 양
아옹다옹 다투며 자라다가

언제 그랬냐는 듯
시집가면 죽고 못 사는 사이

이 세상
어디에 저런 끈끈한 정 또 있으랴

그래서
너도나도 서두는구나, 새끼 모녀궁둥이.

2007. 12. 24

## 사람 냄새

"여보세요"
앳된 어린아이 목소리
"할아버지 계시면 바꾸어라"
"전화 받을 수 없는데요"

"왜?"
"병이 나 누워 계시거든요"
"화장실 출입도 못 하신단 말이냐?"
"네에"
"그럼 오줌똥은?"
"기저귀에 싸면 제가 치우고 닦아 드려요"
"…………"
코끝이 찡
풍겨 오는 사람 냄새에

응석부릴 나인데
버젓이 엄마 아빠 있으니
대기업 공무원으로 맞벌이 나갔다지만

노인이시여!
호강을 누리시는구려

비록 미수(米壽)의 문턱에 누우셨으나

아니였나 봐
짐승 냄새 풀풀 풍기는 게 세상 탓만이

흐뭇한 하루.

2008. 1. 4

## 즐거움

유치원 다니는 손자 녀석

설빔 사 달라 하니 즐겁고
사 줄 형편 되니 더 즐거우며
받고 기뻐하는 걸 보니 더욱 즐거우네

어찌 알리오
손자 없는 이

이 즐거움!

2008. 2. 8

# 봄

예쁜 아가씨 새까만 미니스커트 궁둥짝
찰싹 달라붙은 누런빛 흙검불도
성추행범 고발을 면하는 관용의 계절.

2008. 3. 25

# 봄둥지

너도나도
둥지를 틉니다
작은 녀석은 작게, 큰 녀석은 크게

마음이 젊은 녀석은 푸르게
마음이 어린 녀석은 노랗게
마음이 불타는 녀석은 빨갛게

코를 찌르는 고소한 냄새
귀를 울리는 옹알이 소리
둥지 속 허니문 열기 한껏 뿜어대는데

임 잃은 청상의 긴 한숨 아지랑이 되어 어른거립니다
집 잃은 노숙자의 기침 소리 소쩍새 되어 다가옵니다
부모 잃은 고아의 우는 눈물 봄비 되어 옷을 적십니다.

2008. 4. 17

# 소나무 노래

오늘은 즐거운 날
햇병아리 한 떼 몰려와
마당 가득 빙 둘러서 노래와 춤 흥겨워

창경궁 깊숙한 곳
자리 잡은 지 300여 년
오늘처럼 즐거운 날 드물었어라

한잠 자고 나면
몇몇은 야외촬영 오겠지
두잠 자고 나면 홀아비 과부 되어 내 그늘 찾으리

다하리라 다하리라
나도 늙어 이 생명 다하리라
손자의 손자 손자의 손자 또 또 손자의 손자가 오는 날

기다린다 기다린다
내 마음에 쏙 드는 녀석 나타나기를
몸 바쳐 좋은 관 만들어 함께 묻힐 멋진 인연을.

2008. 4. 26

# 순수한 반김 그리며

언제라도 좋다
빈손이라도 좋다
만나기만 하면 살맛이 샘솟는 순수한 반김

많고 많았지
여기저기 갈 곳도 가고 싶은 곳도
나타나기만 하면 진심으로 반겨 주는 이 있어

줄어들었지
언제부턴가 세월 따라
하나 둘씩 찾아갈 곳은 지상에서 사라져

기다리게 되었지
오기만 하면 반겨 줄 사람
한물 간 연예인이 환호해 줄 팬에 목매듯

어찌 수월하리
반겨 줄 이 기다리기가
반겨 주는 이 찾아가기도 마음대로 안 되는데

알만 하다
애완견 기르는 사람의 심정
오죽 그리웠기에 순수한 반김.

2008. 7. 10

# 앓던 이 1

아픈 게 싫어
견디기 힘들어

빼어버린다
시원해지는 것만 좋아서

까맣게 잊은 채
삶의 고락(苦樂) 함께한 자기의 일부분임을

쉽게 쉽게 썩썩 베어 낸다
한 치의 뉘우침도 없이 몸과 마음속 앓던 이
거추장스러워져서 보기 싫어져서 쓸모가 없어져서

어디에 의지하려나
외로이 홀로 남을 목숨
머지않아 눈보라치는 허허벌판에.

2008. 7. 23

# 처서의 눈물

–지구 온난화

나는
너무 억울해

하늘청소
얼마나 깨끗이 했는데

저 맑고 시린
백두산 천지보다 더 새파랗게

땅의 열기 끄떡 안해
시원한 하늘을 아무리 쏟아 부어도

열대야 계속
몰려드는 해수욕인파

위신이 서야지
요즘 와 지구가 영 말을 안 들어

흘리는 눈물

나도 모르게 찔끔찔끔

창피해.

＊처서(處暑) : 24절기의 하나로 입추와 백로 중간에 있으며 더위가 물러가는 시기로 아침저녁으로 싸늘한 느낌이 있어야 정상임.

2007. 8. 27

## 송이 철

솔향
홍송사리 내뿜는
가득한 조각실 앉아

송이
캐는 소리
TV화면 통해 듣고 있노라면

여기가
방 안인지 산속인지
창밖 저 멀리 남산까지 솔향 뒤덮인 듯

어차피
코로 즐기는 음식

굳이
먹어 무엇하리

여린 살.

2007. 10. 6

## 단풍(丹楓)

나
견딜 수 없이 아프거든

붉은 피를
왈칵왈칵 토하지

얼굴빛은
샛노래지지

터져 나오는
비명 소리를 꺽꺽 삼켜야 하지

예의 없는
인간들은 우르르 몰려와

"야호! 야호!"
소리치지, 남의 병실에 들어와

"야! 향기가 난다"
떠들어 대지, 코를 벌름벌름거리며

그대들 알기나 하는가?
아름답고 향기로운 운명(殞命)의 이 고통을.

2007. 10. 24

# 봄의 새치기

인간이 뿜어대는 가스 독하긴 독한가 봐
겨울이 취해 곯아떨어진 틈을 타
봄은 새치기해 제 세상 만난 듯 난동(暖冬)을 부리네.

2008. 1. 5

# 대지의 분만

신음한다
소리친다 분만의 고통 못 참아
기나긴 겨울밤 하늘과의 사랑 뜨거웠나 봐

쏟아 낸다
밀어낸다 와르르르르
대지의 자궁 얼마나 크기에 저토록 한꺼번에

녹색 머리로 하늘 박는 녀석
푸른 손 내밀어 악수하려는 녀석
노랑 빨강 입술로 뽀뽀하려는 녀석
야릇한 향기 내뿜어 관심 끌려는 녀석
파드닥파드닥 여린 날개로 돌진하려는 녀석

누가 제 애비 아니랄까 봐
하나같이 품속으로 안겨 들려는 귀염둥이 녀석들

봄이 즐거워
잉꼬부부 하늘신랑 대지신부
집안 구석구석 가득 차오르는 자식 바라보는 재미에.

2008. 3. 21

# 아름다워라

길게 늘어뜨린 춘당지 속 수양아가씨 녹색머리, 녹색머리
아름다워라, 아름다워라

푸른 연못 가르며 노니는 원앙부부, 원앙부부
아름다워라, 아름다워라

불타오르는 가슴 풀어헤친 빨간 진달래, 빨간 진달래
아름다워라, 아름다워라

아무리 둘러봐도 살아남아 숨 쉬는 자연은, 자연은
아름다워라, 아름다워라

풀빵 팔아 평생 모은 큰돈 희사한 쪽방 할머니, 할머니
아름다워라, 아름다워라

가슴에 손을 얹고 생각해 본다
마음이, 말이, 행동이, 모습이 아름다운가? 나는? 나는?

2008. 4. 11

# 어느 낙엽의 관욕(灌浴)*

깊고 깊은 산
절 향기 머금으며 돌아가는 계곡

맑디맑아
유리알처럼 투명한 바위 확 물속

쉼 없이 쉼 없이
낙엽 하나 흐르는 물에 관욕을 한다

살아서 살아서
죄라고는 지은 게 없을 성싶은 그대

목탁소리 염불소리 들으며
언제까지 씻고 또 씻어야 하는 건가.

* 관욕(灌浴) : 부처님 오신 날 아기부처를 목욕시키는 일. 또는 불교에서 재(齋)를 올릴 때 영혼을 정화시키는 일.

2008. 5. 5

## 울부짖는 공민왕

내 신당(神堂)

공민왕 신당*이라니
조선왕의 사당인 종묘 속
큰 문 지나 오른쪽 구석 납작한 작은 집 지어

너무 놀라워
태조 이성계의 마음 씀씀이에 한 번
너무 초라함에 다시 한번

세운 이유
두려우면 두렵다 할 일이지
내 치적이 어쩌고저쩌고 구차한 변명

두 번 죽이네
나라 빼앗긴 설움도 큰데
바로 그 집 사당 곁방살이 문지기 신세라니

불사르리
불사르리라

신당!

* 공민왕 신당 : 태조 이성계가 조선건국 후 종묘안 한 구석 자기가 섬기던 고려 31대 공민왕 신당을 지어 노국대장공주와 함께 제사를 지내도록 함.

2007. 8. 31

# 주눅 드는 형무소

서대문 형무소
순국선열의 피 내음
비명 소리 아련히 감아도는

지척인데
기죽는 일이라도, 이제야 들른 발길

가까운 친인척 중
선생 말고는 흔한 왜순사 하나 없지만
창씨개명 해 이 땅에 살아온 죄 부끄러워

충신의 피 고요한데
염치 모르고 들끓는 저 역적의 피
바른 역사 쓰러뜨리려 하니 오던 발길 더 주춤

가꿔 놓은 아름다운 공원
마음 편히 쉴 이 몇이나 될지
학습 나온 철부지 유치원생들만 시끌벅적

미안하다
우리가 못다 한 일 이루어 주렴

유치원생들아!

2007. 9. 13

# 신로(神路)의 분노

나

신의 길
종묘 안에 마련된
제왕신만 다니시도록

어이없어
짓밟고 짓밟아
남녀노소 일본인 관광객까지도

엄연히 달라
다른 궁궐의 왕로(王路)와는
왕은 없지만 제왕신은 현존하시니

볼 수 없어, 더는
앙감질 뛰시는 신들
더럽혀진 곳 디디지 않으시려고

벌하리 벌하리라
바로잡지 못하는 무능한 관리책임자

벌하리 벌하리라
나를 밟고 지나가는 인간.

2007. 10. 3

## 유구(琉球)

이름이야
유구(琉球)인들 어떠리, 오끼나와(中繩)인들 어떠하리
대륙에서 분가한 올망졸망 160여 개 섬
일본 본토에도 없는 구석기 문명이 살아 숨 쉬는 땅

자기만의 고유의 언어도 있다
자기만의 뚜렷한 얼굴도 있다
자기만의 찬란한 전통 문화를 꽃피운 나라

우리와 너무너무 닮아
맹수 청일(淸日)의 틈새에 끼어 나라 잃은 슬픔
아직도 꺼억꺼억 울분을 삼켜야 살 수 있는 노예 아닌 노예

아쉬워 아쉬워라
작은 미끼 탐하다 신세 망친 물고기처럼
미(美)지배 20년간의 독립기회 놓쳐 버리다니
그대 나라엔 이승만도 김구도 유관순도 없었단 말인가

지켜라 지켜야지
보석처럼 빤짝이는 문화유산,
코발트색으로 물들인 산호초 섬 섬

오리라 오리니
류큐의 자존심 회복되어 오끼나와의 빛이 지구촌 밝힐 그날이

엄마를 암마라 부르고
할매를 하메라 부르는 낯익은 땅 오끼나와여
유구(悠久)하여라!

2008. 2. 28

# 오끼나와 펌프

오끼나와 펌프
땅속 깊숙이 굵은 파이프 묻은

잘도 끌어올린다
물이 아닌 관광객 주머니 속 돈, 무역상 후예답게

나고[名護] 파인애플파크
말이 파크지 기나긴 터널 속 늘어선 매장

들어서자마자
파인애플와인의 마중물을 부어댄다

지갑을 연다
마음껏 마신 3종의 와인에 거나해져

두 손 가득한 쇼핑백
이어지는 파인애플쿠키, 카스텔라…… 맛에 홀려

마셨으니, 먹었으니
빨려나간 돈 아깝지 않은 즐거운 여행.

2008. 3. 1

# 유난히 푸른 바다

파도 소리 들으며
거닐은 오끼나와 아침해변

쓰러지지 않으려
서로서로 부둥켜안은 채 비스듬히 누운 야자수 나무

무쇠망치로 맞은 듯
여기저기 시커먼 구멍 뻥뻥 뚫린 바위

멍이 든 듯
유난히 푸르고 푸른 바다색

태풍 속의 섬이라지만
맞서 싸우느라 얼마나 힘겨웠기에……

이제 알아 미안하구나
손에 손 잡은 160여 개 섬 아시아대륙의 방파제인 줄

뚜들겨 만들어진 그대
자연은 태풍에 인간은 외침에 끊임없이

빛나는 다이아몬드 되리!

2008. 3. 3

# 젊은 가족

해외 관광
자식들이 주선한 어머니 칠순
바쁘디바쁜 시간 쪼개어 모시고 떠난

알토랑 일곱 식구
아들 며느리 딸 손자 3대(代)
평균 연령 37세 젊디젊은 가족 이루어

활기차구나
보기도 흐뭇해
부러운 시선이 쏠리는 한 폭의 아름다운 그림

걱정 하나야 있었지
한 소쿠리에 담긴 계란이라
하늘 무서운 줄 알고 살아온 삶이 믿는 구석이지만

이어 내려라 길이길이
젊은 가족도 복 짓는 일도
번창하리라 행복하리라 대대손손.

2008. 3. 6

## 옥천동굴(玉泉洞窟)

섬뜩하다

창 창 창
야트막한 천장에 촘촘히 박힌
금세라도 내리꽂힐 듯한 살벌한 기세로

돌고드름
오끼나와 옥천동굴속 청회색의
삭히지 못한 울분 속으로 속으로 응어리져

무기 창고일 줄이야

장하다!

2008. 3. 8

## 좋은 이웃

– 힘센 자의 우스갯소리

두 눈 멀뚱멀뚱
참선 속 춘당지 큰 잉어
"좋은 이웃"이란 화두(話頭) 곧추든 채

어린 시절 비참해
도망 다니기 바빴지
오리도 원앙도 개구리도 두꺼비도 너무너무 무서워

사라진 수많은 순진한 친구
꼬임수에 속아 졸졸졸 따라다니다가
어느 땐 고운 목소리 어느 땐 예쁜 깃털의

독수리 빙빙 돌던 날
멀리 있어 두렵지 않아 즐겁게 구경하는데
가까이 괴롭히던 새들
혼비백산 숨어버리는 게 아니야

요즘 무서울 게 없어
물속으로 끌려 들어갈까 봐 겁을 낸단 말이야
발가락이든 깃털이든 물어뜯어 힘자랑을 해 보이니깐

중얼중얼거린다
갑자기 하늘 높이 치솟는 잉어
"어릴 땐 독수리 응원 받으며
  시간 벌어 길러야지 힘! 힘! 힘!"

2008. 8. 18

## 봄을 향한 질주
– 발목 잡는 나라의 미래

입춘 지나
풀꽃들 묘지 매일 찾는다

누구 발
제일 빠른가 알고 싶기 때문이지

그 뿐만 아니야
하루라도 빨리 만나보고 싶어서

산마늘
두터운 흙을 쳐들고 맨 처음 다다르네

뒤이어
섬기린초 톱풀 자주꿩비듬 머리 내민다

늘 그렇듯
한 발 늦은 녀석 몫 작게 마련이지

아무리
겨울의 터널 길어도 봄은 꼭 기다리고 있는데

주저주저하다
늦게 도착하는 녀석들 보고 있노라면 안타까워

춥고 배고플수록
더욱 용기 내어 뛰어야 하는데

물론 용기뿐이랴
발목 잡는 놈 있어서도 안 되지

이 지구촌 혹한 속 산마늘 쾌거 보며
마늘 좋아하는 우리나라 희망 띄워 본다.

2009. 3. 16

# 6월의 가르침

몰래 몰래
시베리아 오물 주워 모아
동족의 머리 위에 쏟아 부은 시뻘건 대홍수

떠내려갔지
꿈도 사랑도 집도 부모 형제도
호미와 가래로 막기에는 너무너무 턱없어

부랴부랴
16개국의 친구들 달려와
목숨과 자유와 장비로 겨우겨우 틀어막았지

피땀 흘려흘려
아름다운 꽃밭 가꾸어 놓으니
더욱더 구린내 나는 오물을 준비하는 저들

쌓아야지 쌓아야 해
백두산보다도 더 높은 튼튼한 성벽
한 번도 끔찍한데 두 번 다시 당한데서야.

2009. 6. 25

# 외줄에 매달려

부엉이 바위보다도
더 높고 더 가파른 빌딩에

한 푼 먹은 것도 없이
대롱대롱 거미처럼 매달려 사는 삶

점검 또 점검 타기 전
줄을 앵커를 깔개를 꼼꼼히 꼼꼼히

너무나 잘 알기에
아무개 아무개의 마지막 매달림을

뜨거운 벽에 붙어
목숨을 번다 밥을 번다 삶을 번다

그래도 저들은 낫다
자기 줄이 닳았는지 잘렸는지도 모르는
좌우보다야.

2009. 6. 22

## 암호

이다지
오히려
다시

꼬불꼬불 비좁은 골목길
며칠 간격으로 띄엄띄엄 새겨진 선명한 글자
옛 경기중고 자리 담 밖 깎아지른 거무튀튀한 옹벽 위

아무리 보아도 암호다
잡아야지 잡아야 한다고 벼르던 어느 날
깡마른 체구에 모자를 푹 눌러쓴 중년 남자 발견

징으로 글자를 쪼아내다가
나를 보고 멈칫하는 표정까지
핸드폰을 만지작거리다가 좀 더 지켜보자 마음 정해

얼마 후 지나다 보니
세 편의 시가 각각에 걸려 있는 게 아닌가
다시에는 김수영의 시 〈먼 곳에서부터〉가

"먼 곳에서부터
 먼 곳으로

다시 몸이 아프다

조용한 봄에서부터
조용한 봄으로
다시 내 몸이 아프다

……………….”

잡힌 놈은 간첩이 아닌 시(詩)라 다행.

2009. 5. 14

# 주는 손 받는 마음

삶이란
주고받음 속
쉼 없이 맺어지는 인연

어떤 이
천사의 손 닮아
정중히 건네주니
받는 이 마음에 기쁨을 남기고

어떤 이
악마의 손 닮아
휙 집어던져 주니
줍는 이 마음에 상처를 남긴다

눈길 하나
말씨 하나
몸짓 하나
동전 하나
차표 하나
입장표 하나
영수증 하나

어느 것 하나
귀중하지 않으리
개도 던져 주는 고기는 먹지 않는 세상에.

2009. 5. 25

# 버스 정류장 소묘(素描)

일요일 오전
한적한 변두리 버스 정류장
느긋한 표정의 대기자 여섯 사람

열린 버스 문
너도나도 다투어 몰린다

먼저 타기 걸리는 듯
70대 노부부 멈칫멈칫하다 오르자

주위 신경 끈 듯
40대 초반 수녀 한 쌍 의외로 잽싸게

묵묵히 홀로 서 있던
40대 중반 파카 입은 아줌마 뒤따라

비틀비틀 힘겹게
90대 꼬부랑 할머니 마지막 기어오르는데

운전기사 양반
물끄러미 쳐다만 보아 조마조마하다
'경노우대' 였다면 못 본 척 떠날 듯한 표정으로

그래도
엇비슷이 떠오른 태양만이
따뜻한 햇볕 아낌없이 내리쬐고 있었다.

2009. 1. 7

## 비럭질의 달인인지

콩콩 콩콩 콩콩
소북 치는 효과음을 낸다
북 아닌 지하철 바닥을 세차게 발로 두드려

비틀 비틀 비틀
쓰러질 듯한 감을 풍기며
옆으로 옆으로 짧게 짧게 발을 떼어놓는다

한껏 허리 굽혀
눈높이를 맞춘 손님을
눈싸움이라도 하려는 듯 뚫어지게 응시한다

천 원짜리 한 장
손님 코앞에 들이대고 흔들어 댄다
천 원 이하는 사양하겠다는 듯 당당하게

중얼 중얼 중얼
장애인 어쩌고저쩌고 무슨 말인지
마치 저주의 주문 같은 음산한 느낌을 준다

수치심에 굴복한 이
천 원을 주면 얼른 주머니에 넣으며

외쳐 댄다 고맙습니다 고맙습니다 홍보용으로

비럭질의 달인인지
노략질의 달인인지 알 수 없어
곰곰이 생각 생각 속으로 빠져드는 씁쓸한 날.

2009. 1. 22

# 몸씨*

재잘 재잘 재잘
팔짱 낀 여고생 무리
창경궁 너른 길 낙엽 쓸며 걸어간다

예닐곱 명쯤이려니
하나 둘 셋 아니 다섯
다시 헤아려 보았지만 역시 마찬가지야

희고 부드러운 피부
세련된 교복 빳지 헤어스타일
훔쳐 들은 말씨마저 서울 표준말이라

아무리 그렇다 해도
성근나라에서 왔을 게야
한 바퀴 다 돌 때까지 궁금증은 더해만 가

묻는 거야 물어
학생들 어디서 왔나
논산이요 논산 논산훈련소 말이에요

아! 아!
맞았어 맞아 역시 맞았어

너르디너른 논산평야 말이지

갸우뚱 갸우뚱 힐끔 힐끔.

* 몸씨 : 몸의 맵시, 몸매.

2008. 11. 7

## 동창회 단상(斷想)

일 년에
단 한 번만의 아주 드문 과모임

모이는
숫자는 줄어도 참가율은 늘어나누나

언젠가
한 명만 남는 날엔 늘 100%가 되겠지만

절반 넘는 불참친구들
아직 비우질 못했나 너무너무 비워 그런가

한 켠에선
소집책의 아우성 소리
'나온다카드니 우째 안나오나 몇 번이나 남았다구!'

다른 켠에선
앰뷸런스 깜빡이는 요란한 소리
누구는 아주 떠나갔다는 둥
누구는 실려가 칼을 받아 살아났다는 둥

만나 서로 미소 짓고

덕담이나 주고받다 헤어지면

아침 해 맞아들이는
동창(東窓) 닮은 동창회 되어
밝은 분위기 속 너도나도 나오리 나오리라.

2008. 12. 11

# 놀란 황금자리

나는 황금자리
지하주차장 수많은 자리 중 으뜸가는

넉넉한 공간이라
넣기도 빼기도 편리해 너도나도 탐을 내지

들락날락
하루에도 몇 탕은 해야 직성이 풀리는데

요즘은 골치야
눈치 없는 차가 몇 달째 꼼짝달싹 않으니

그럴 거라면
구석진 곳에 세우면 저도 나도 좋으련만

큰 걱정이야
남을 배려 못하는 인간들 자꾸 늘어나니

하도 답답해
누구네 차인지 살짝 알아보다가

깜짝 놀랐지 뭐야
남의 배려를 바라는 운동의 시민연대 차라니.

2009. 2. 16

# 철쭉꽃 필 때

철쭉꽃 빨간 입 벌려 화들짝 웃을 때면
짝 찾는 장끼의 울음소리 숲 속 가득하네.

2009. 4. 27

## 배려하는 마음

배려하는 마음은
게으름을 피울 줄 모른답니다

배려하는 마음은
오만불손할 줄 모른답니다

배려하는 마음은
남을 헐뜯거나 해칠 줄 모른답니다

배려하는 마음은
잘난 체하거나 남의 위에 군림할 줄 모른답니다

배려하는 마음은
남을 칭찬하는데 인색할 줄 모른답니다

배려하는 마음은
자기 자신의 욕망을 가득 채울 줄 모른답니다

배려하는 마음은
자기 자신의 건강이나 장래도 소중히 여긴답니다

배려하는 마음은

늘 미소 짓는 얼굴로 남을 대한답니다

배려하는 마음은
행복을 불러와 주위를 환히 밝혀 주는 빛이랍니다

배려하는 마음은
이게 바로 천사나 보살의 아름다운 마음이랍니다.

2009. 6. 8

## 머문 자리의 향기

보내는 이 없는
호젓한 퇴근길 엘리베이터

텅 빈 안에선
아름다운 향기가 반겨 준다

요염한 듯 고상한 맛
누가 머문 자리이기에 이다지도

내리막길 18층 달리도록
아무 손님도 없어 생각에 잠기던 날

더듬고 더듬어 알아차린다
스쳐 간 인연 많고 많지만 아주 귀한 향기의 추억

이리도 어려울 줄이야
머문 자리의 아름답기가 몸의 말의 마음의

귓가에 맴도는 소리
'그들도 자기 머문 자리만은 향기롭다 생각하는데.'

2008. 11. 27

# 머리숱의 반란

왜 미처 몰라
젊음의 표상 정글 숲
덥덥덥 답답답 구박구박하다

풀 한 포기도 아쉬워
번쩍번쩍 너른 벌판
머물러 달라 애원한다.

2008. 9. 20

# 50년 세월

– 서울공대 입학 50주년 모임

50년 세월이 길기는 길었나

동안의 친구들
얼굴 주름살에 번쩍번쩍 흰머리

이름표 바꿔 달아
수줍어하는 정든 옛 캠퍼스

허허벌판에 우뚝 솟아
웅장한 자태 뽐내던 1, 2호관

키 큰 젊은이들 틈에 끼인
엘리베이터 속 늙은이 닮아 있구나

보이는 건 일부일 뿐
아직까지도 남아 맴돈다

시계탑에서 울려 퍼지는 음악소리
삼삼오오 잔디밭 친구들의 도시락 내음
강의실에서 들려오는 노교수의 음성
실습장에서 돌아가는 기계소음

난생 처음 매혹적 선물을 안겨준 라일락향기

50년 세월도 한순간인 것을.

2009. 6. 18

# 물배[腹]

한 말 가량의 뱃골*에
한 홉*의 밥을 넣고 물로 채운다
어릴적엔 살[米]*이 적어
나이 들언 살[肉]이 많아 늘 물배.

* 뱃골 : 배의 용량. 그는 뱃골이 커서 많이 먹는다.
* 홉 : 한 되의 10분지 1의 용량.
* 살[米] : 쌀의 경상도 사투리.

2008. 10. 16

# 하얀 컴퓨터

난 몰라
전혀 모르는 일이야
언제 나한테 무엇을 주었다고 야단이야

너무 어이가 없어
한나절 열심히 열심히 넣어 주었는데
생뚱맞게 컴퓨터는 하얀 머릿속만 내어 보인다

어찌 이럴 수가
잉크 흔적 하나 흑연 가루 하나라도 있어야지
에너지 불변의 법칙은 어딜 가고 아무 것도 없다니

정말 없어진 걸까
허공에라도 있는 걸까
안 할 말로 치매라도 걸렸다면 몰라도

아직 멀었어
누가 너를 낳고 미역국을 먹었는지
인간은 산신할미 역 몰라도
입력만으로 아이를 잘도 만드는데.

2008. 8. 25

## 나이키가 고마운 날

비 쏟아지던 날

점심값 치르랴
영수증 거스름돈 받으랴
새 큰 우산 바뀌지 않게 챙기랴

스포츠화 한 켤레
현관에 달랑 놓여 있는
내 신발이라 신고 나오는데

아저씨! 아저씨! 아저씨!
뒤통수를 때리는 다급한 소리
나는 아닐 테지 몇 걸음 더 걷다 뒤돌아보니

그 신발 내 꺼요
나보다 좀 젊어 보이는 손님의 볼멘소리
무슨 소리인지 몰라 발만 내려 보고 있자니

주인이 꺼내 놓는다
신발장 안에서 얼른 내 걸
"둘이 꼭 닮은 나이키 새 신이네요" 하며

순간 아찔 망신살!
“미안합니다 한참 가다 올 뻔했네요”
다행 다행 ‘너이키’가 아닌 ‘나이키’ 새 신발인 게.

2008. 9. 4

# 귀 친구의 빈자리

이게 아닌데 아무래도 이상해
무엇이 빠졌나 무엇을 잊었나
잠시 하던 일 멈추고 둘러보고 또 둘러본다

숨소리 바람 소리
책장 넘기는 소리만 남아 있는 적막
너무 너무나 익숙하지 않은 낯설은 공간

방에 들어와 나갈 때까지
하루 종일 내 기분에 맞추느라
어느 때는 감미롭게
어느 때는 장엄하게 들려준 목소리

함께한 세월 십여 년이라 해도
친구 없는 자리 이리도 클 줄이야
미안하다 미안해
단 한 번의 휴가도 없이 내 욕심만 채워

참고 기다리마
건강한 몸으로 다시 만나자꾸나
그만 접어야겠다
수많은 눈 친구 호랑이*들이 시샘하듯 흘겨보니.

* 컬렉션해 놓은 1,500여 마리 호랑이.

2008. 8. 28

# 신문 부고를 훑으며

수북이 쌓인 신문
대충대충 읽을 때에도
부고란 만큼은 꼼꼼히 살핀다

누구누구는
슬슬 피해 간다는데
상여집 지나는 아이 고개 돌려 달아나듯

가까운 사람이야
소식 전해 들을 수 있지만
마지막 가는 길 인사기회 놓칠세라 하나하나

탑이 허물어진다
머리꼭지 가까이 허술한 부분 먼저
좀처럼 100층탑의 높이는 키우지 않으려는 듯

옷을 갈아입는 탑
너무 누추하지 않을 만큼 적절히
헌 옷 벗고 새 옷 갈아입는 인간탑
오늘도 관조(觀照)해 본다.

2008. 10. 29

## 심장이 멎던 날

– 어느 승용차의 수기(手記)

아무리 아무리
짙은 화장을 해도
누구나 금시 알아차리는 최고령

나이는 숫자일 뿐
나는 아직 쌩쌩하다는 기분으로
며칠 전에도 먼 거리 여행을 거뜬히

처음엔 목소리가 뚝
목 고장인 줄만 알고
별별 애를 다 써도 헛수고

다음엔 눈이 캄캄
다리는 후들후들 찔룩찔룩
조그만 언덕길도 헉헉 겨우겨우

안되겠다 싶어
병원을 찾아 기어 기어가는데
기어이 큰 길 한가운데에서 멎은 심장

아이 아이 창피해
주인님 얼굴에 먹칠을 했으니
이런 일이 두려워 고이고이 떠나려 했건만.

2009. 2. 9

## 넷째 딸을 보내고 나서

미모도
학벌도
솜씨도
뭣 하나 내세울 것 없는 딸

시집(詩集)
보내는 어버이 심정
쓸쓸하기만 해 밤잠 설치는데

그래도
간간이 들려오는
시집살이 소식에 위안을 받는다

어찌 했기에
그 어려운 시어머니 사랑
잘 받으며 지낸다고 해 얼마나 반가운지

딸을 연년생으로 낳아
치고받으며 자라게 하다 보니
시부모 봉양할 심성 하나는 길러졌나 보다

네가 잘 한 덕분에

네 동생 다섯째 시집보낼 걱정이
훨씬 가벼워지는 느낌이 들어 고맙구나 고마워.

2009. 2. 27

# 아름다운 착각

깜짝 깜짝 놀란다
꿈인지 생시인지 헷갈려

한두 번이라면 몰라
지난 수십 년 동안 수도 없이

비가 촉촉이 내리는 거리
아무 생각 없이 나갈 때면 문득

참 이상도 하지
여기가 일본 하마마쓰라는 환상(幻像)

아스팔트길도 자동차도
낯설던 60년대 처음 간 해외연수

빗길 바퀴 구르는 젖은 소리
뇌리에 얼마나 깊숙이 새겨 놓았기에

불쑥불쑥 튀어나오나
넉살도 좋게 시도 때도 없이

잠시 30대 청년이 되어 본다
아름다운 착각의 타임머신에 올라타.

2009. 3. 26

# 12월의 끝자락에 서면

12월의 끝자락에 서면
자축(自祝)의 팡파르 울리며
큰 북을 힘차게 칩시다 둥 둥 둥 둥

365일 얽히고설킨
떠날 준비 마친 오색인연의 영혼
신명나는 굿 한마당 펼쳐 불러 모읍시다

살가운 인연일랑
잔잔한 미소에 묻어 두고
껄끄러운 인연일랑 손바닥에 끌어냅시다

서로서로
마음의 빗장 풀어
참회 참회한다면 풀지 못할 인연 없으리

챙겨 챙겨야지
역사의 노을 속으로 사라진 티끌도
녹여 내기 어려우리 녹여 내기 어려우리니.

2008. 12. 29

## 즐길만해진 소나기

지난날엔
소나기를 만나면
욕을 했지 기상청을 예보관을

언제부턴가
욕을 하지 않는다
기상캐스터의 미모 때문만은 아니다

돌연변수가
죽 끓듯 많아진 세상
일기예보만 믿고 준비 안한 탓도 크니

지난날엔
소나기를 만나면
전투태세가 되어 달리며 우산을 사고 사고

언제부턴가
달리지 않는다
상엿집 추녀라도 기어 들어가 피하며

지나가는
사람의 표정을 읽는다

적에 쫓기는 병사처럼 허둥대며 바짓가랑이 적시는

시간이 흐르면
다 지나가고 마는 것
데이트 약속이 아닌 바에야 기다리고 기다린다

최후에 웃는 자는
기다리고 기다린 자의 멀쩡한 바짓가랑이.

2009. 6. 4

# 치열한 삶꾼

– 최재석 교수*와의 만남

차라리
스승보다는 스님이 더 어울리는 분

인사 첫마디
저는 미친놈입니다

건강하시네요
아플래야 아플 시간이 있어야죠

삭발만 안한 고승(高僧)
방해받을까 봐 임신도 걱정하며 연구만 한

장좌불와(長坐不臥) 50년
초지일관 하루같이 용맹정진(勇猛精進)하는

308편의 주옥같은 논문
83세의 노호(老虎) 아닌 젊음의 속도 그대로

치열한(熾烈)한 삶꾼
여말(麗末) 선초(鮮初) 명신
최무선 최해산 후예답게

되돌아본 나의 삶
치열 아닌 지열(枝劣)이었음을 깨닫게 한 하루.

＊최재석 교수 : 서울대 문리대 사회학, 서울대 대학원, 하버드대학원,
고려대 명예교수.

2008. 9. 16

# 침팬지에 다가서는 노인

벗겨진 머리
활이 된 등허리 축 늘어진 뱃가죽
축구 골대인 양 훤히 뚫린 휘어진 다리

침팬지 모습
먼 형제 아니랄까 봐
늙으면 늙어갈수록 닮고 닮아

모습이야 어떠랴
말이 점점 허공을 떠돌게 하는 귀
볼 재미를 잃어 가게 하는 안개 낀 영상의 눈

도와줄 젊은이
멀리멀리 달아나 버리고
말도 행동도 너무너무 빨리빨리 변하고 변해

잠자는 늙은이
밀어 넣으려 하네 밀어 넣으려 하네
세월은 자꾸만 자꾸만 침팬지 우리 속으로

시공에 갇히면
울부짖으리 울부짖으리라

성난 침팬지처럼 폭주(暴走) 폭주노인* 되어
탈출하라 탈출 탈출도 즐거우리니.

* 폭주노인 : 폭력적 사건을 일으키는 노인을 뜻함.

2008. 10. 19

# 할아버지 편두통

알알 얼얼
따끔 따끔 뜨끔 뜨끔
팍팍팍 푹푹푹 밤새기 바라는 고약한 친구

걱정 없어
좁쌀만 한 하얀 약 몇 알이면
손들어 버린다 달아나 버린다 멀리멀리멀리

씨름판 벌어질 때마다
가슴 눌러오는 쓰라린 추억
바로바로 이 약만 있었더라면 그때 그 당시

돌아가시기 몇 해 전
머리가 심히 쑤시는구나 하시면
흔한 '명랑' * 몇 봉지 사다 드리고만 회한의 눈물

올려놓는다
할아버지 제사상 한 귀퉁이에
마음의 하얀 약 커다란 병에 가득가득 채우고 채워.

* 명랑 : 1950년대 잘 팔리던 싸구려 진통제.

2008. 9. 22

# 꼬부랑 할머니

통명전 뜰에서 만난 꼬부랑 할머니

내가 영원한 리더라는 듯
한 손엔 지팡이 탕 탕 탕 소리
한 손엔 꼿꼿한 영감 손 당기며 잘도 헤쳐 나아간다

군소리 한 마디도 삼킨 채
마나님 핸드백 들고 질질 끌려가는
허여멀건 영감님
한평생 먹여 살려 준 말 꽁무니에
매달려 가는 마부인 듯

꼬부라진 할머니여!
아서시오 아서시오 이제 그만 아서시오
더 구부러져 팔이 지팡이 되는 날 오면 어쩌시려구

끄는 역과 끌리는 역
복 지은 양 엄청나게 다르려니
내세에 다시 만나 부부된다면
바뀌리 바뀌리라 그 역할.

2008. 10. 31

# 영화의 맛도 변해

씹어야
맛을 아는데

요즘 와
국산 영화는 잘 씹히질 않아

물론
외국어보다야 우리말이 쉽지만

짙은 배경음악 속
폼 잡는 배우의 낮은 음성은 사라져

중간 중간
팬터마임* 아닌 팬터마임 되어 끼어드니

딱 질색이야
한껏 멋만 부리러드는 감독이나 배우나

외국영화는
그야 훨씬 맛나지 잘 씹히니깐

자막!

* 팬터마임 : 무언극(無言劇).

2008. 11. 16

# 늙음의 미학(美學)

눈이 침침해지니
마음의 눈이 밝아온다

귀가 어정쩡하니
쓰잘 데 없는 말싸움이 비껴 간다

치아가 부실하니
연한 음식 느리게 소식(小食)하여 좋다

머리가 백발로 벗겨지니
의관(衣冠)을 잘 갖추어 품위 유지 일품이다

등허리가 구부정해지니
겸손하고 삼갈 줄 아는 덕이 돋보인다

걸음걸이가 뒤뚱뒤뚱 느려지니
젊은이 앞장세워 밀어주는 지혜를 갖춘다

정신이 깜빡 깜빡거리니
밤하늘에 빤짝빤짝 깜빡이는 예쁜 별 닮아 간다.

2008. 12. 1

## 용단(勇斷)이라니

용단을 내렸지
화장해 뿌려 버리기로

기염을 토한다
의기양양한 듯 80고개 부터 노파

땅에 꼭 묻어 달라는
남편의 간절한 유언 따윈 아랑곳없이

자리가 없다면 또 몰라
살아생전 준비한 서울근교 공원묘지가 기다리는데

너무나 단순한 이유
외아들의 묘지관리가 고생스러울까 봐

아무리 믿지 못할 세상이라지만
한평생 함께한 아내도 자식도 이 정도라니

생(生)사(死)가 둘이 아니거늘
어찌 겁도 없이 배신을 손바닥 뒤집듯 하나

언젠가 북녘 땅에 묻히고 싶은

고인의 꿈은 숨넘어가는 순간 바람에 날리었구나

뭐 이것이 용단이라니
불신지옥(不信地獄)의 만행인 줄 모르는 무지몽매여!

2009. 1. 15

# 입학식

아무래도
입학식은 낯선 통과의례

50년 전
내 입학식이 마지막 본 것이니

갈까 말까 망설이다
큰 맘 먹고 외손녀 입학식엘 참석

국립국악중학교
아홉 마리 용이 꿈틀대는 구룡산 기슭

산뜻한 학교도
친절한 선생님도 마음에 들지만

초롱초롱
끼가 보이는 학생들이 더욱 탐나

어차피 인생은
내일이 늘 궁금해지는 한 편의 기나긴 드라마

잘나나 못나나 누구나

자기가 주연이 되어 NG까지도 감싸야 하는

한평생 즐기며
관객까지 감동시킨다면 더 무엇을 바라리

반짝반짝 빛나는
105개의 작은 별들이 눈에 아물아물거린다.

2009. 3. 9

# 해코지 은혜

분명히
해(害)코지를 해 왔는데

지나고 보니
상처가 행운 되어 돌아와

이 은혜
갚겠다고 설쳐 댄다면

배 아파
뒤집어지리 뒤집혀지리라

아서라 아서
보은이 설욕되면 어찌하려구.

2009. 3. 11

# 희세(稀世)의 행운아들
– 서울공대 입학 50주년 동기

복동(福童)이 395명 태어나니
일제도 마침내 손을 번쩍 들었다지

피로 물들인 6.25전쟁
몇 살 위 선배들이 대신 목숨 바치었다지

공업 황무지 사회에 진출하니
산업개발이 기다렸다는 듯 주역으로 키웠다지

그대들이 흘린 피와 땀
한 방울도 헛됨 없이 밝은 빛을 발해 주었다지

가정 사회 국가 디디는
발자국마다 복이 고이고 고여 강을 이루었다지

희세의 행운아들이여!
오는 100주년에는 모두 도(道) 이루어 만나시게나.

2009. 6. 15

## 조약돌 1

동글동글 조약돌
험한 풍파 맞은 만큼 닦인 만큼 반짝반짝

원망의 푸념 가락
나올라 입 꼭 다문 그 마음씨 더욱 예뻐.

2008. 8. 20

# 허기(虛飢)

젊어선 지식(知識)에 허기지더니
늙어선 지혜(知慧)에 허기진다네.

2008. 12. 25

## 고개를 넘습니다

고개를 넘습니다
또 넘고 또 넘습니다

응석일랑 사양하세요
살아가는 한 나아가는 한 고개는 숙명이니까요

고개만 있는 건 아닙니다
넘는 이에게는 너른 벌판이 반겨 주기도 한답니다

벌판이라고 신발 끈을 풀지 마십시오
또 다른 고개가 이미 마중 나와 기다릴 테니까요

아무도 모른답니다
얼마나 높고 험한 고개가 얼마나 많이 있는지

알고 싶으면 넘고 또 넘으세요
쉬지 않고 나아가는 자에게만
주어지는 특혜이니까요

새로운 손님을 맞이하듯 오는 고개를 맞으세요
기쁜 얼굴 즐거운 마음으로 손님을 만족시켜야 행복해지니까요

고개를 넘습니다
또 넘고 또 넘습니다

꿈이 큰 만큼 여정이 긴 만큼
고개 손님도 드리운 그림자도 특혜도
헤아릴 수 없이 늘어난답니다.

2008. 10. 14

# 곁가지인 걸

쭉쭉
거침없이 뻗어 올라
하늘 받힌 거목 바라보고 있노라면

곁가지
몇 개 잘려 나가도
대수롭지 않은 듯 너무너무 여유로워

지난해
폭설로 가장 아끼던 가지 부러지던 날도
'우지끈 뚝딱' 외마디 비명뿐 신음 소리 삼켜

어찌
쓰리고 아프지 않으랴만
100년이 하루 같은 늠름한 자태의 비결

이제 알 것 같구나

'곁가지인 걸.'

2008. 12. 18

## 앓던 이 2

언제 빠지려나
언제 빠지려나
안달복달하지 마라

아직까지
영구한 앓던 이는
존재한 일이 없기에

그대는
쾌재를 부를 수 있으리
먼저 빠지지만 않는다면.

2008. 12. 31

## 목숨 가지고 장난치지 마

70살은 망신 면한 나이

80살은 체면 유지한 나이

90살은 아름다운 나이

100살은 천수(天壽)를 누린 나이랄까

죽고 사는 게
운명이라던 시대는 점점 자취를 감춰

장난만 안치면
망신수(亡身壽)는 피할 수 있는 좋은 세상

슈퍼비만인 사람이
늘 먹을 것을 입에 달고 사는 장난

당뇨병인 사람이
운동은 안하고 배불리 먹고 노는 장난

폐간(肺肝)의 사정 나 몰라라
날이면 날마다 담배 폭음을 일삼는 장난

눈비 내리는 고속도로를
마음껏 신나게 달리며 기분 내는 장난

자폭 알카에다 지역에
겁도 없이 들어가 선교하고 관광하는 장난

장난치지 마
목숨은 둘이 아닌 하나뿐이라는 것 마음에 새겨.

2009. 3. 19

# 위대한 사주(四柱)

1809. 2. 12
미국에서는 링컨
영국에서는 다윈이 동시에 태어나

대통령 링컨은
흑인의 노예해방을
어렵게 실행에 옮긴 보현의 화신이요

생물학자 다윈은
온갖 생명이 한 할아버지 자손임을
밝혀 창조론을 뒤엎은 문수의 화신일세

사주란 곧 오를 산(山)
두 분은 히말라야 최고봉을 타고나
목숨 걸고 오르고 올라 정상에 깃발 꽂았구려

우리도 사주 탓만 말고
쉬지 말고 오르고 또 오릅시다
백두산일지 킬리만자로일지 궁금하지도 않은가.

2009. 2. 19

# 목련꽃

간밤 불던 바람에 실려 왔나
마당 가득 흰 은하수 눈부시네.

2009. 4. 20

# 연초록 임신복

목이 긴 북악산
겨우내 흰 잠옷 입고 둥글둥글하던

세수도 하는 둥 마는 둥
울긋불긋 화려한 옷차림 한껏 뽐내더니

어느새 낭군 만나
신혼의 단꿈 꾸었나 보지

오늘 와 보니
연초록 임신복이 보기 좋게 부풀어 있네.

2009. 4. 30

# 저무는 철쭉

민망해
민망해서
똑바로 바라볼 수 없는 너

놓으렴
놓아 버리렴
삶의 애착 그만 버리고 잡은 손

아쉬워
아쉽구나
지나간 크고 작은 친구들 닮은 꽃비

덕지덕지
붙어 있는 너의 모습
링거 줄에 매달린 의식불명처럼 애처로워

화려한 삶
가는 길 왜 그리 박복한지
저 멀리 너를 슬퍼하는 듯 구성진 뻐꾸기 소리.

2009. 5. 7

# 신록의 무대

5월
서울 한복판 종로 숲

펼쳐진 신록의 무대
새들의 노래자랑이 한창이다

동편무대 뻐꾸기
뻐꾹 뻐꾹 뻐꾹꾹 노래 부르면

서편무대 소쩍새
소쩍 소쩍 소쩍쩍 목청 돋우고

이에 질세라 꾀꼬리
고운 목소리로 간드러진 가락 뽑아댄다

서울 천만 관중
다 들을 수 있는 무대시설이 아쉬운 계절.

2009. 5. 18

# 청설모 꼬리

초가을 곱게 손질한 푸른 화선지 위
아름다운 예서 써 내리는 추사*의 붓.

* 추사(秋史) : 조선후기 명필로써 특히 예서(隸書)를 잘 쓴
김정희(金正喜)의 호.

2008. 9. 2

# 화살나무*

어 어 어
언제 저리도
빨개졌단 말이냐

주위는
아직인데
너만이 유별나게 홍당무 되어

지난밤
누군가 오시려는 듯
시린 안개 온 세상 가리더니

사랑의 신
큐피드*라도 내려와
너의 미모에 화살을 쏘았더냐

자랑일랑 삼켜라
너를 향한 질투의 화살
가냘픈 네가 어찌 감당할 수 있으리.

* 화살나무 : 줄기에 화살의 깃처럼 생긴 코르크의 날개가 길게 발달되어 화살나무라 하고, 가을에 단풍나무보다 한 발 앞서 붉게 물든다.
* 큐피드 : 로마신화에 나오는 사랑의 신. 가슴에 맞으면 사랑의 열병을 앓게 된다는 화살과 활을 가지고 있음.

2008. 11. 3

# 가을바람[秋風]

벤치 위 몽롱한 취객 코털 건드려
꿈결에 임의 숨결 옥잠화향 산들바람.

2008. 8. 26

# 가을구름[秋雲]

내리자니 찬비 머물자니 푸른 옥(玉)의 티
불어라 바람아 다시 태어나리 여름구름 되어.

2008. 9. 8

## 가을해[秋太陽]

여름내 불타던 정력 어디로 갔나
도(道) 닦아 들끓던 가슴화기 사그라진 겐가

우리 따뜻하게 손 마주잡고
저 너른 우주 나들이나 떠나봄이 어떠하리.

2008. 9. 29

# 가을가랑비[秋細雨]

가랑가랑 가랑비
오는 듯 마는 듯 느낌만 차디차다

푸른 솔잎
기다렸다는 듯 푸르름 더하는데

누런 단풍잎
감기에 걸린 듯 비실비실 떨어진다

뛰쳐나온 아이들
제 세상 만난 듯 이리저리 뛰노는데

산책 나온 늙은이
따스함이 그리운 듯
정자에 갇힌 몸 되어 바라만 본다

가랑가랑 가랑비야
두 얼굴을 감춘 듯한 너
목말라 기다리는 이만 찾아가 주렴.

2008. 10. 25

## 가을그림자[秋影]

검다
검다 못해 새카만
높은 하늘 맑은 하늘에 맞서려는 듯

어른거린다
암흑의 그늘 속엔
지구촌 곳곳 나뒹구는 한숨 속 전광판*만이

수그러들리라
검은 그림자의 눈빛도
지샌 한숨 모이고 모여 구름 되어 오르는 날.

* 한숨 속 전광판: 세계를 요동치는 폭락증시 전광판을 뜻함.

2008. 10. 22

# 늦가을찬비 [晩秋寒雨]

늦가을 찬비 내리니
길 가는 사람 큰 우산 속에 숨어들고

지척지척 떨어지는 낙엽
추울세라 어미등걸 위 두터이 쌓이는데

지하에 계신 부모님
우산도 낙엽도 장만하지 못했구나

비야 비야 어서어서
흰 눈 되어 폭신한 이불로 덮어드리지 않겠니.

2008. 12. 3

# 낙엽의 삶

축하 축하
너의 탄생 아름다워

갈리는 삶
한 어머니 뱃속에서 나오자마자

바람과 눈 맞아 멀리멀리 날아가는 녀석

냇물과 몸 섞으며 좋아라 흘러가는 녀석

빗자루에 이리저리 쓸리며 노래 부르는 녀석

시궁창에 처박혀 배 두드리며 먹어 대는 녀석

길바닥에 드러누워 카펫 노릇으로 흐뭇한 녀석

청소차에 올라타고 어디론가 여행 떠나는 녀석

예쁜 아가씨 손에 들리어 책갈피로 들어가는 녀석

아무려면 어떠하랴
더 멋진 삶 아직 보지 못한 걸
네 온몸 던져 발효되는 향기로움보다.

2008. 10. 8

# 도토리

톡 톡 톡 떼구루루
톡 톡 톡 떼구루루
도토리가 달아난다

약속이나 한 듯
젊은이 늙은이 일제히
땅 짚고 머리 조아려 절을 한다

겨우겨우 허리 펼 즈음

톡 톡 톡 떼구루루
톡 톡 톡 떼구루루
도토리가 도망친다

황망한 듯
다시 다시 엎드려
또 또 또 절은 되풀이 된다

종알 종알 종알
긴 수염 쓰다듬는 나무 위 다람쥐
'알고 보니 인간들 아주 아주 예의 바르네.'

2008. 10. 10

# 눈길 다람쥐

눈 속에 길 잃을까 두려워서인가
눈 덮인 고궁 숲엔 다람쥐 보이지 않네.

2009. 1. 19

## 풀꽃의 묘비명

양지 바른 언덕 위
아름다운 풀꽃의 공동묘지를 찾던 날

뻴겅 퍼렁 누렁 낙엽들
영하의 추위 견디기 어려워 부둥켜안은 채 반기고

풀꽃이 사라져버린 자리엔
예쁜 묘비명만 남아 외로이 추억을 되새긴다

비비추, 둥글레, 투구꽃,
고비, 불고사리, 은방울꽃, 풀솜대,
산국, 쑥부쟁이, 자주꿩의비름, 광릉갈퀴나물,
산딸기, 산비장이, 개승마, 금낭화, 애기쇱싸리, 머위,
방울비짜루, 소리쟁이, 바디나물, 피나물, 파드득나물,
솜방방이, 족도리풀, 꿩의비름, 동자꽃, 좁쌀풀, 까치수염, 독활,
톱풀, 산옥잠화, 골풀, 오이풀, 터리풀, 물레나물, 과남풀, 멸가치,
홀아비꽃대, 구절초, 섬기린초, 섬초롱꽃, 금강초롱꽃, 세잎양지꽃, 강활,
삼지구엽초, 산괴불주머니, 산마늘, 은꿩의다리, 금꿩의다리, 엉겅퀴,
그늘사초, 붓꽃, 노루오줌, 땅나리, 술패랭이, 원추리, 삼백초, 참으아리, 냉초,
도라지, 할미꽃, 범부채, 벌개미취, 하늘매발톱, 곰취, 개미취, 참취, 두메부추,

슬퍼하지 않으련다

내세의 윤회를 인가받은 그대들이기에

주어진 땅 물 햇빛에 만족하며
탐욕심 없는 해맑은 미소의 공덕으로

풀꽃 닮은
인간세상이 그리워지는 날이어라.

2008. 11. 20

# 동지(冬至)의 눈물

– 공황 만난 2008년을 보내며

늘 그랬지
새알심이 빚으라
하늘 떡가루 소복소복 아낌없이

올해는 어인 일로
기나긴 밤 지새우며
팥죽 같은 눈물만 주룩주룩 흘리나

지나친
인간의 탐욕심
어쩔 길 없어 슬퍼함이련가

그대도
나이 들어
묵은해와의 이별이 아쉬워 그러는가

그만 멈추게
내일이면 어김없이
싱싱한 젊은 태양 불끈 솟아오르리니.

2008. 12. 22

# 제3부

# 징검다리

# 독립기념관 만나던 날

아무리
나들이가 드물다지만

너무 너무해
열두 살이 넘도록 생면부지라니

시간에 쫓겨
구석구석 살피긴 어려우나

늠름한 모습
헌헌장부 다 되어 있네

마음의 짐
오늘 반쯤 덜고 날 받아 다시 오리니

독립투사시여
너무 서운해 하지 마시길

아직 나타나지 않은 이도
마음만은 그대 향해 있으리니

눈이나 크게 뜨렴 코 베일라
맑은 가을 하늘엔 영령의 음성 메아리친다.

2009. 10. 19

## 흰 호랑이해 맞아

경인년 새해 벽두*
흰 호랑이해답게
백호(白虎)의 화신(化身) 나타나

인왕산은
큼직한 호랑이 되어
히죽히죽 웃으며 내려다보고

차도에는
귀여운 새끼호랑이들
뱅글뱅글 돌며 재주 부리는구나

숲 속에는
노송 애솔 호랑이들
한껏 허리 굽혀 머리 조아리는데

인간들은
잔뜩 겁에 질려
문 닫아건 채 숨죽이며 내다보는구나

흰 호랑이
얼마나 답답했기에

남북으로 나뉜 땅 하얀 통일 이루었나

어둠 뒤 밝음 오듯
나라 잃은 슬픔 100년 된 올해
하나 되는 우리의 숙원 풀어지려는가.

* 경인년 새해 벽두 : 2010. 1. 4에 내린 103년 만의 폭설(25.8cm)로
마비된 서울을 바라보며.

2010. 1. 7

# 그리운 감나무여!

어언
60년이 지난 일이건만

나는 아직도
편안한 마음으로 곶감을 먹을 수 없다

양지 바른
우리 집 마당가 우아한 감나무 한 그루

유모처럼
아장아장 걸음마부터 따듯이 보살펴 준

알아차린 듯
그해 따라 가지가 휘어지도록 주렁주렁

혹한의 피난길
쫄쫄 굶주리던 배 허기 면해 주던 곶감

피난길 돌아오면
그대 만나 고맙다는 인사 꼭 하려 했는데

불태워 버리다니
반동분자도 빨갱이도 아닌데 무슨 죄목으로

그리운 감나무여!
입은 은혜 갚을 길 없어 늘 무거운 마음이어라.

2010. 3. 29

# 황사의 깊은 뜻은

일식인가
여명의 어둠인가
시곗바늘 대낮을 가리키는데

노란 세상
세찬 바람 몰아치면
경건한 마음으로 옷깃을 여미게 된다

머나먼 옛날
고향의 흙먼지에는
조상의 DNA실려 콧속으로 들어오는 듯

귓가를 때리는
달리는 말발굽 소리
하늘가엔 광개토왕의 늠름한 모습 떠올라

자손과의 만남
얼마나 간절하기에
한 해도 거르지 않고 구만리장천 날아오는가.

2010. 3. 22

# 사형선고

진달래꽃
만개를 반기는
동시에 사형을 선고한다

송아지의
출산을 기뻐하는
동시에 사형을 선고한다

아기의
탄생을 축하하는
동시에 사형을 선고한다

너나없이
집행만은 미루고 싶은 사형수인데
무슨 좋은 꼴 보려고 천안함 젊은 생명 앗아가는지.

2010. 4. 12

# 길을 묻다

○○○는
어디로 가야 하나요

우락부락
소도둑놈 인상은 면해서 그런 건지

흰 와이셔츠 넥타이
감색바지에 감색 캡 때문인지는 몰라도

남녀노소 국적불문
유독 나한테 물어와 은근히 기분이 좋다

어쩌다가
젊고 예쁜 아가씨일 땐 보너스를 탄 기분까지

마냥 좋기만 한 건 아니어서
모르는 길을 물어 올까 봐 걱정이 되기도 한다

저승은 어디로 가야 하나요
지옥을 피해 가는 길을 아시나요? 와 같은

아무래도
대답해 주려면 코피 터지게 공부해야 할 텐데

저승사자도 간혹
길을 잘 몰라 비몽사몽간에 물어오면서

왜 물어 오질 않는 건지
나쁜 짓만 골라 하는 북쪽 친구 찾아가는 길은.

2010. 6. 17

## 꽃샘추위 2

찬바람아
찬바람아
북녘 땅 찬바람아

남녘 땅
흐드러지게 핀 꽃
그리도 샘이 나더냐

어느 누가
하지 말라 했나
샘이 나거든 꽃피우면 될 일이지

만개한 꽃에
영하의 추위를 보내다니
다음부터는 너희가 먼저 피워 보렴

20일 만에
물 밖으로 나온 천안함의
꽃다운 젊은 영령들 추워 어찌할꼬.

2010. 4. 15

# 첫 탄생의 마을

참으로
오랜만에 찾아온 제물포

추억을 더듬으니
새록새록 새롭던 일 많고도 많아

첫 직장 첫 월급도
첫 선 첫 데이트 첫 키스 첫 약혼 첫 결혼도
첫 집 마련해 첫 보금자리에서 얻은 첫 아들도

추억은 더 깊고 깊어
숨 막히던 붉은 세상으로 거슬러 올라
원주 고향 마을 뒷동산에서 몰래 듣던 은은한 포성

맥아더 동상 앞에 서니
다섯 해 동안 이루어진 첫 탄생의 인연도
아직도 귓가에 메아리치는 환희의 함포소리였구려.

2010. 8. 2

# 볼록배의 푸념

창피해
지나가는 사람 눈총
힐끔힐끔 수군수군 삐쭉삐쭉

억울해
옷이 안 맞는다고
주먹으로 쾅쾅 때리질 않나

비겁해
먹고 마신 게 누군데
구시렁구시렁 DNA 탓이나 하니

참담해
삐쩍 마른 노인 지나치기가
지하철 계단에 앉아 굽실굽실 구걸하는.

2009. 8. 10

# 굵은비 내리는 날이면

젊어 한때
빗방울 사이사이가
어찌나 넓어 보이던지

잽싸게
요리조리 피해 달리면
비 한 방울 맞지 않을 듯했는데

요즘 들어
빗방울 사이가 좁아진 건지
몸이 둔해진 건지 영 자신이 없어

큰 우산 골라 쓰고
바짓가랑이 젖어 들라
잔뜩 움츠린 채 어슬렁어슬렁 걷는다

정신이 번쩍
쓸쓸한 기분도 잠시 잠깐
이런 날 외출 꿈도 못 꾸는 이들 생각에.

2009. 9. 14

# 때린 놈 맞은 놈

때린 놈은 지는 해
힐끔힐끔 뒤돌아보다
오물통에 빠져 허우적허우적

맞은 놈은 뜨는 해
눈 부릅뜨고 달리니
아무리 험한 길도 두렵지 않아.

2009. 10. 26

# 친구가 먼 데서 찾아오니

不亦樂呼　　불역낙호
有朋自遠來　유붕자원래

또한 기쁘지 아니하랴
친구가 먼 데서 찾아오니

해가 더해 갈수록
곰삭은 젓갈 맛의 공자님 말씀

혈기 왕성할 땐
공자님 허풍도 세시다 했는데

마음에 와 닿는다
만나는 기쁨이 얼마나 귀한가를

나이 들어 갈수록
친구다운 친구 찾기 힘들다 보니

뜻밖에 찾아온 벗과
오늘 하루 흉금 털어 정담 나누니

귓가에 맴도는 소리
앉아 기다리지만 말고 찾아 나서라는.

2009. 12. 28

## 아까워라 아까워

단골 지하식당
막 들어서려는데
한 노인이 담배를 피워 무는 게 보인다

설마 무슨 일이야
상을 치우는 걸로 보아
식후일미로 서너 모금 빨다 말겠지

자리를 잡고서야
큰일이 났다는 걸 알았다
한 명만이 아닌 네 명 모두가 피워 대니

금연실 아닌 끽연실인 양
한 개비도 아닌 줄담배를
공짜로 담배 연기를 베푸는 듯한 표정으로

아까워라 아까워
칠팔십이 되도록 먹은 떡국이

아까워라 아까워
쏙 빼입은 양복과 넥타이가

아까워라 아까워
세상을 꿰뚫은 듯한 머릿속 먹물이

아까워라 아까워
청맹과니도 아니면서 주위를 못 보는 눈 눈 눈 눈.

2010. 3. 8

## 밥의 두 얼굴

밥은
똑같은 밥인데

어떤 이
속에 들어가면
얻어먹어 빚졌다 느끼게 하고

어떤 이
속에 들어가면
먹어주느라 욕봤다 느끼게 한다

빚졌다
느끼게 된 이는
부담스럽다고 발길 뜸해지고

욕봤다
느끼게 된 이는
쩨쩨하다 험담하며 발길 돌린다

사 주는 이
아무리 성의를 다한다 해도
밥이 두 얼굴이니 묘책을 찾을 길 없어

험담하는 이 속엔
들어가지 말았으면 했더니
밥이 볼멘소리를 한다 밖에서 어찌 아느냐고.

2010. 4. 29

# 명품모임

명품만
모이면 명품모임이 되고

잡것만
모이면 잡것모임이 된다

세상에는
명품도 잡것도 있게 마련이지만

잘만 하면
잡것도 명품행세를 하게 만들고

잘못하다간
명품도 잡것 티를 내게 만들기도 한다

서로서로
인격을 존중하고 자기 몸 낮춘다면

어느 모임치고
명품모임으로 빚어낼 수 없으리오.

2010. 6. 7

# 클로버의 함성

와 와 와
클로버의 함성
여기저기서 하얀 횃불 치켜든

들썩들썩
창경궁이 떠나갈 듯
토끼풀 위세에 주눅이 든다

풀 피비린내 물씬
깎고 또 깎던 풍경 사라지니
기다렸다는 듯 잡초의 천국 되어

꼬마 잔디는
어디론가 숨어버려
신음 소리만 간간히 젖어 드는구나

토끼만 토끼만
풀어놓으면 제격일 텐데
아마도 토끼띠 궁식구(宮食口)가 부쩍 늘은 게야.

2010. 6. 28

# 첫 집의 감동

지나온
내 인생길 위
두 개의 첫 집이 있어

6.25가
불살라 버려
어렵게 어렵게 새로 지은 첫 집에

결혼 위해
부랴부랴 서둘러
있는 돈 없는 돈 긁어모아 새로 산 첫 집

새로 지은 첫 집
어찌 그리도 단명해
고향마을 들를 적마다 남는 아쉬움

새로 산 첫 집도
찾아볼까 말까 망설이다가
더듬더듬 방향만 잡아 가다 보니

이게 웬일
주위가 몽땅 사라졌는데

납작 엎드려 살아 숨 쉬는 집 두 채

문 열고 들어서면
흰머리 곱게 곱게 빗은 어머니
단정히 앉아 어서 오너라 반길 듯 눈물나

옆집이 눈먼 점집이라
살까말까 망설이다 산 집인데
그분이 사서 살아남다니 미안해라 고마워라.

2010. 8. 5

## 팁에 목매는 여인

아무리
팁이 좋기로서니
주는 손님에겐 생글생글
안 주는 손님에겐 샐쭉샐쭉

팁 몇 푼에
웃음을 판다
헤벌쭉 벌린다
인격마저 팔아치운다

말도 안 해
팁의 나라 미국이라면
주인한테 버젓이 임금 받아가며
기본은 해야지 샐쭉은 말아야지

누굴 탓하랴
졸부가 흐려 놓은 물
점포 무너지는 소리 들린다
거리 여인의 웃음 띤 얼굴이 오버랩 된다

음식 값에 넣든
서비스료로 받든

손님 신경 안 쓰게 하는
일본의 깨끗함을 배워야 발전할 수 있으리라.

2009. 9. 28

## 얼굴북두칠성

눈 둘
귀 둘 콧구멍 둘 입 하나

너도나도
얼굴북두칠성 달고 태어나

깊은 뜻 알아
올바로 쓰면 깨우치기 수월하리

눈 둘은
좋은 일도 보고 나쁜 일도 보며 살라

귀 둘은
좋은 소리도 듣고 나쁜 소리도 들으며 살라

콧구멍 둘은
좋은 냄새도 맡고 나쁜 냄새도 맡으며 살라

입 하나는
한가운데 똑바로 서서
어디에도 치우침 없는 바른말만 하며 살라는 뜻

입 한 번 잘못 놀리면
주둥아리나 조동아리*가 되어
걷잡을 수 없는 천길만길 나락으로 떨어지리니.

* 조동아리 : 요즘 조 아무개의 인사청문회를 보며.

2010. 8. 19

# 국화빵 아줌마들

둥글넓적한 얼굴
자라목에 넓은 어깨
굵은 허리 펑퍼짐한 엉덩이

얼핏 보아도 자매들이야
짜리몽땅한 키까지 쏙 빼닮은
식탁에 둘러앉은 40대 네 아줌마

생김새처럼
대화도 모난 구석 없이
둥글둥글 술술 잘도 넘어가는데

이게 웬일이야
자매가 아닌 게 분명하니
점잖은 처지에 물을 수도 없어

끙 끙 끙 끙
머리를 짜고 또 짜는데
답답한 심정 비집고 떠오른 생각

맞아 맞아 끼리끼리
스트레스 덜 받으며 살아가는
국화빵을 끔찍이 사랑하는 모임인 게야.

2009. 10. 12

# 눈에 꿇은 소나무

연약한 눈에
꿇은 것도 부끄러운데

시뻘건 상처
아직도 내버려 두다니

흰 가운에
빨간 고추장 묻힌 꼴로

나라 안팎 손님
맞이해야 하는 이 심정

얼굴이 화끈화끈
칠월의 태양보다 뜨거워

상이용사 우글우글
동물원이던 궁(宮)도 모자라 야전병원까지.

2010. 7. 12

# 기쁨의 창조

삼청공원
한 바퀴 돌아 내려오자니

후드득 후드득
빗방울을 해 여보란 듯 우산 펴들고 가다가

왼손을 바라보니
모자가 어디론가 도망쳐 버렸네

되돌아가며
아무리 두리번두리번거려도

우산 펴 든 장소에도
손수건 꺼내 땀 닦은 장소에도 안 보여

너무 믿었어 손가락 다섯을
모자 우산 시계 손가방 해야 넷뿐이라

미처 모른 거야
손가락엔 눈이 없음을

마지막 기대로
스트레칭 소나무를 찾아가는데

어떤 산책객이
내 모자를 들고 오는 게 아닌가

어찌나 기쁜지
잃은 것은 없고 기쁨만 창조된 날.

2009. 8. 3

# 몸에 자상한 속삭임을

몸에
자상한 속삭임을 해 보세요
말 잘 듣는 일꾼쯤으로만 여기지 말고

외롭답니다
하루 종일 일만 시키고
따뜻한 말 한 마디도 인색한 무심함에

아무리 아파도
은유적 표현을 즐기는 감수성에
말을 한다 해도 대변인을 내세우는 수줍음

놓치지 마세요
참다 참다 폭발하는 날엔
후회해도 때는 늦어 돌이키기 어렵답니다

애쓰세요
귀 기울여 들으려 하면
자상한 사람에게는 속 깊은 말도 잘 한답니다

잊지 마세요
노력한 만큼 속삭인 만큼
건강하게 오래 사는 법을 말해 주는 몸의 상냥함을.

2009. 7. 15

# 술에 반해

생각만 해도
입속 가득 군침 돌아
기어이 빨고야 마는 아리따운 입술

감미로운 향기
코끝에 스며들면
단단히 얽어놓은 마음도 어느덧 풀려

몸이 아파도
그칠 줄 모르는 교태로
피를 섞고 말지만 그대 욕정 밉지 않아

섹시한 여인만큼
많고도 많은 요부(妖婦)들
나의 굳은 지조 맥없이 허물어뜨리는구나

길어야 몇 달
짧으면 허니문 헤어짐
미안타 미안해 동침한 수없이 많은 연인들아

오늘 저녁 밥상머리
어느 처녀 시중들라나
치악산 막걸리 고향에서 막 올라와 방긋 웃네.

2009. 10. 8

## 회춘(回春)
– 어느 승용차의

천근만근
조그마한 언덕도 헉헉헉

망설망설
심장수술 받은 할망구

수술시간 2시간
수술비 20만 원 아깝지 않아

가뿐가뿐
처녀 몸 되어 쌩쌩쌩 달린다

늙은 모습이나
타시는 주인님 총각 기분 나겠지.

2009. 10. 15

# 점심 한 끼

결식아동
마음 걸리는 날엔
아무래도 3원집이 제격이다

숙원사업
자금 걱정인 날엔
한 푼이라도 싼 4천집엘 간다

손님접대
폼 잡고 싶은 날엔
큰 맘 먹고 2조집엘 간다

세금벼락
부글부글 끓는 날엔
이래저래 뺏길 놈 4조집엘 간다

굶주리던
어린 추억 떠오르는 날엔
고향 그리며 보릿고개집엘 간다.

2009. 11. 12

# 낙엽이 떨어집니다

낙엽이 떨어집니다

아이들의 눈망울에
아름다운 오색그림 되어 떨어집니다

낙엽이 떨어집니다

청춘남녀 추억 속에
알록달록 사랑의 편린 되어 떨어집니다

낙엽이 떨어집니다

노인들 가슴속에
달빛에 스치는 구름그림자 되어 떨어집니다

낙엽이 떨어집니다

깊은 산 묘지 위에
손꼽아 기다리던 전생의 편지 되어 떨어집니다.

2009. 11. 16

# 첫눈

코흘리개 소꿉친구 몰려
좋아라 이리 뛰고 저리 뛰놀던
하얀 떡가루는 어느새 높은 재 넘었던가

가슴 설레는 연인 팔짱에
코트 깃 높이 세워 이리저리 거닐던
하얀 꽃가루는 저 멀리 큰 강을 건넜던가

늘어만 가는 열렬한 팬들이시여!
저 세상 무슨 사연 얼마나 많기에
하얀 눈곱 편지 이리도 무수히 날려 보내는가

읽으리 읽으리라
동짓달 긴긴밤 으스름달빛 벗 삼아
기다려라 기다려 다오 사라지면 어찌 하라고.

2009. 11. 10

# 아름다운 해로(偕老)

한쪽 눈
침침해지면
다른 쪽 눈 나누어 쓰면 되고

한쪽 귀
어두워지면
다른 쪽 귀 빌려 쓰면 된다네

한쪽 머리
깜빡깜빡하면
다른 쪽 머리가 생각해 내면 되고

한쪽 다리
뒤뚱뒤뚱대면
다른 쪽 다리가 지팡이 되어 준다네

젊어선
두 몸이 한 몸 되어
세 몸 네 몸 다섯 몸으로 불어나더니

늙어선
두 몸이 서로 도와
아름다운 한 몸으로 이루어 가는구나.

2010. 1. 4

## 몽당연필 선물

몽당연필이라
선물치곤 너무하다 싶었는데

인사치레인지
정말 좋아서인지

여기저기서
감사하다는 연락이 온다

긴 연필도
잘 안 쓰는 세상에
몽당연필 쓸 일 어디 있으랴만

손때 묻은
짜리몽땅한 몰골이
어딘지 정감이 가는 모양이다

다음번에는
돈 좀 더 벌어
미끈한 새 연필로 선물하고 싶다.

* 제5시집 '몽당연필'을 보내고 나서.

2010. 1. 18

# 오름병

살금살금
오르기만 하는 체중 오름병
스스로는 내려오지 않는 고집불통

한 계단 올라
멈춰 서서 동정을 살피다가
방심하면 깡충 다시 올라가는 여우

참다 참다못해
계엄령을 선포하고
아침저녁 철저한 검열이 시작된다

줄이고 줄인 급식
견디기 힘들만큼의 강훈련
손을 번쩍 들 때까지 지속하다 보면

한 달쯤 지나
슬슬 꼬리를 내린다
약아빠진 녀석의 작전상 후퇴이겠지만

알면서도 통쾌하다
손에 들어온 녀석을 보노라면
겨룰 만한 상대를 만났으니 어찌 즐겁지 않으리.

2010. 2. 1

# 화상(畵像) 세배의 맛

생전
처음으로
받아 본다 화상세배

공부하러
미국 가 있는
아들 며느리 손자 두 녀석

하나씩
차례대로
서로서로 오가는 덕담 속에

거리를
뛰어넘은
좋긴 썩 좋은 세상이라지만

아무런들
두 팔 벌려
힘껏 안아 보는 것만이야 하랴

어서어서
학업 마치고 돌아오렴
손자 세뱃돈 주는 즐거움도 없네.

2010. 2. 18

# 즐거운 미니여행

금방이라도
하늘이 무너져 내려
종말이 올 듯한 날엔 여행을 떠난다

칫솔 치약도
거추장스런 배낭도
여비도 일정표도 없이 떠나는 미니여행

이것저것
탈것이 어찌나 많은지
마부도 시종도 필요치 않는 편리함이여

걸을 수 있는
두 다리에 호기심
교통카드 한 장이면 어디라도 갈 수 있어

한평생의 서울인데
안 가 본 곳 못 본 풍경 많기도 해
아무거나 타고 아무데나 내려도 새롭다

막걸리 한 잔 걸치고
터덜터덜 돌아올 때쯤이면
공간여행 시간여행 마음여행 흡족한 하루라네.

2010. 3. 15

# 연금당한 몸

폐렴이란다
늙은이 잡아가는 1순위
2주 치료를 했는데 더 나빠졌다나

꼼짝없이
몸은 연금(軟禁)당해
방 밖에 금줄도 보초도 서 있지 않지만

1주일 치료 후
차도가 없을 경우에는
연금이 아닌 큰 병원 감옥행이란다

자유로이 날아
그 무엇에도 걸림이 없던 새
보이지 않는 창살에 갇히고 말았네

하는 수 없어
느림의 미학을 기웃거려 본다
연금보다 감옥보다 더한 꽁꽁 묶이지 않으려고.

2010. 4. 26

# 열무가 메밀을 만난 자리

전생에
무슨 깊은 인연 있었나

열무하면
느낌이 마냥 좋기만 해

아무리 물 건너온
더 푸르고 더 그럴싸한 녀석 있어도

수저가
맨 처음 찾는 것은 그대라네

취하면 젊은
떠꺼머리총각으로 되돌아갈 듯한 기분

바라보기만 해도
군침이 돌게 하는 톡 쏘는 쌉쌀한 맛

무더운 여름날
얼음 둥둥 띄운 열무김치에

오마바 피부색 닮은
거무튀튀한 메밀국수 말아 놓으면

누가 있어
열무와 메밀의 왕좌를 넘볼 수 있으리오.

2010. 7. 29

# 바람난 승용차

올라탈 걸 타야지
원남동 로터리 회양목을

어 하는 순간
네다리를 쩍 벌리고 사뿐히

날개가 달렸더라면
남산타워까지도 날을 듯한 기세로

너도 이제 열네 살이니
일찍 좋은 배필 찾아 보냈어야 했는데

이번 일로 밑이 다 문드러져
예쁜이수술도 잘했으니 불행 중 다행이다

아무리 바람이 나더라도
얌전히 피워라 잘못하다간 큰일 저지르겠다.

2010. 5. 13

# 결혼기념일 하객

축하 꽃
축하 카드
축하 케이크
축하 보석
축하 외식

많고 많은 단골 하객

금혼식이 바라다보이고
자식들 성장해 떠나가니
단골 하객도 하나 둘씩 보이지 않네

덩그러니
축하 외식만 남은들 대수더냐
눈에 보이지 않는 하객은 늘어만 가는데

더더구나
싱그러운 5월 30일의 푸르름이
예나 지금이나 한결같이 축하를 보내는 마당에.

2010. 6. 3

## 천둥 번개의 딜레마

번쩍번쩍 우르르 쾅쾅 우르르 쾅쾅
시원히 벼락 한 번 내려치지 못한 채
말썽꾸러기 둔 엄마 가슴앓이 하듯 진종일.

2009. 7. 6

# 큰 장마의 교향곡

너른 평야
갑자기 좁아지더니
가파른 여울이라 옥문 닮은 섬강(蟾江) 밑동

시뻘건 홍수
빠져나갈 길 찾느라
소용돌이치며 산통(産痛)의 비명을 내지른다

성난 흙탕물은
하늘을 찌를 듯한 포플러도 삼키고
집도 닭도 돼지도 소도 부둥켜안고 내달린다

혼돈 속에는
권력도 명예도 부자도 가난도 투쟁도
복수도 시기질투도 권모술수도 존재하지 않는다

어디에서도 볼 수 없는 장관
놓칠세라 뒷산에 뛰어올라 바라보노라면
귀는 먹먹하지만 가슴속 체증은 말끔히 가신다

누가 뭐라 해도
고향 섬강이 연출한 걸작을 잊을 수 없다
나의 혁명적 기질을 발산시켜 주었기에 더욱더.

2009. 7. 13

# 과자의 위력

무게　12 kg
과자　12만 원
소포　12만 원
편지　12마디

생일선물이다
미국 간 지 반년 된 손자
맛 들인 과자 그리울 것 같아

아니나 다를까
따르릉 따르릉 벨이 울린다
가을에 초등학교 들어갈 큰 녀석이다

안녕하세요
사랑해요
빠이빠이 세 마디만 늘 하더니만

무려 무려
30분이 넘도록
흥분해서 얘기를 늘어놓는다

무릎 꿇은 날이다

엄청난 과자의 위력 앞에
할아버지 할머니의 맥 못 춘 흡인력이.

2009. 8. 17

# 어느 거목 이야기

쾅쾅쾅
난폭한 도벌꾼의 도끼질

피가 튄다
살점이 잘려 나간다

참고 또 참는다
비명 한 마디 지르지 않고

아니야 아니야
아직은 일러 너무 일러

합장 기도한다
제발 오늘이 제삿날이 아니기를

기도발이 먹혔나
도끼질 소리가 어둠 속으로 사라지니

다짐 다짐한다
잘린 5%는 채찍질일 뿐이야
자라리 자라리라 크나큰 대들보 감으로.

2009. 10. 22

# 갓난아기 얼굴

변한다
사흘돌이로
갓난아기 얼굴

그제는
엄마 닮아
엄마 사랑 듬뿍

어제는
아빠 닮아
아빠 사랑 함빡

오늘은
할머니 할아버지

내일은
외할머니 외할아버지 닮아

받는 사랑
넘쳐 넘쳐 강물 되어 흐르네.

* 결혼 후 10년 만에 낳은 둘째 딸의 딸을 보면서.

2009. 11. 23

## 엄마를 팔아먹고 산다

또
엄마를 팔아먹었다

엊그제
미당 서정주상 수상식에서

어릴 적
처음 시를 접해 준 것도
일찍 시심을 심어준 것도 엄마라고

오래전
섬유기술상 수상식에서도
엄마를 팔아 박수갈채를 받았는데

목화 따 씨아질
물레질 · 베 날기 · 베 짜기 · 물들이기

일찍 배웠노라고
엄마 치맛자락 붙들고 졸졸 따라다니며

아마도
엄마는 화수분인가 보다

팔아도 팔아도 바닥이 나지 않으니

그래도
심하게 판 날이면
산소를 꼼꼼히 살펴본다
혹시나 푹 꺼진 데 없나 걱정이 되어.

2009. 12. 14

## 아름다운 여인

열심히
아주 열심히 신문을 읽는다
젊디젊은 여인이 지하철 의자에 앉아

해맑은 표정
호기심에 찬 눈초리
행복에 겨운 모습은 한 폭의 아름다운 그림

무슨 신문이기에
곁눈질을 하다 놀랐다
눈에 익은 지면은 엊그제 본 일간지 교양면

하얀 살결
홍조 띤 얼굴 빼고는
어디 하나 내세울 만한 게 안 보인다

크지도 작지도 않은 키
예쁘지도 밉지도 않은 얼굴
날씬하지도 뚱뚱하지도 않은 몸매

값싼 보석 하나
명품 하나 걸치지 않은

빨간 시장잠바에 얼룩스커트 차림

무엇이 무엇이
독서에 저토록 갈증을 느끼게 했을까
차에 내려서도 읽으며 걸어가고 있으니

할 수만 있다면
샘물을 펑펑 길어 길어다가
저 목마름 시원시원하게 풀어 주고 싶어라.

2009. 12. 24

# 찬바람 몰아치니

살 에는
찬바람 몰아치니

팔자걸음
어슬렁어슬렁 노인

사나운 계모
만난 콩쥐 꼴 되어

주눅 든 채
허둥지둥 종종걸음 치네.

2009. 12. 21

# 더 불쌍한 사람

배가 쪼르륵
가겟방 건빵 보며
입맛만 다시는 어린이

입맛이 소태라
진수성찬 받아 놓고
먼 산만 바라보는 병든 이.

2010. 5. 31

## 징검다리

먼 옛날
하늘나라 까막까치 날아와

너와 나 사이
갈라놓은 은하수 이어 준 오작교

징검다리
이름도 아름다워라 인연의 연결고리

동글동글 빤짝빤짝
흐르는 물 가운데 홀로 외로이 서

기나긴 장마
거친 물살도 온몸으로 막아 주었지

따뜻한 봄이면
밤낮으로 노닐던 즐거운 추억

차가운 겨울이면
미끌미끌 깜짝깜짝 놀란 세월

두터운 사진첩 속

그대 빠진 그림 한 장도 찾을 수 없네

징검다리여!
별똥별일랑 되지 말아 다오 살아 보기 어려워라.

2010. 1. 25

# 귀빠진 날이 자랑스러워

2. 12
자랑스런 나의 생일
노예해방의 링컨 대통령도
진화론의 창시자 다윈도 같은 날

큰 힘이 되었지
캄캄했던 어린 시절
위대한 링컨이 같은 날 태어났다는 게

큰 봉변을 당할 뻔도 했지
대학 시절 귀빠진 날 자랑을 하다가

친구가 핀잔을 주는 게야
'야! 미국은 하루 늦단 말이야'

아차 싶어
재빨리 머리를 굴려 받아넘겼지
'야! 오후 6시 20분이라 같은 날이야'

요즘 새로이 즐거운 건
삼성의 창업자 이병철 회장도
100년 전 오늘 태어났다는 사실이야

2. 12
좋기는 썩 좋은 날인 게 틀림없어
나도 생일 값을 톡톡히 해야 할 텐데.

2010. 2. 12

# 횡보 선생*의 잠적

종묘공원 올 적 갈 적
들러 보던 횡보 염상섭 선생
어느 날 쥐도 새도 모르게 사라졌네

시끄러워 이사를 가셨나
고령이라 퇴역을 하셨나
빚지고 야반도주를 하셨나

점잖은 지성인이
가면 간다고 알릴 일이지
받을 부조 다 받아먹고 잠적하는 이처럼

아! 아! 이리로 오셨군요
물소리 새소리 가득한 삼청공원으로
미리 알렸으면 괜한 오해는 없었을 것을

참 잘 오셨네요
오래오래 편히 계세요
쓸쓸했던 쉼터가 한결 활기가 넘쳐 나는군요.

* 橫步 廉想涉선생 동상 : 선생의 업적을 기리기 위해 생가 터 근처인 종묘공원에 앉혀놓은 동상을 알림판 하나 없이 어느 날 갑자기 이전시킨 것을 보면서.

2010. 3. 4

# 오징어가 싫어
- 6.25는 60주년이 되어도

미끄러져 벌러덩 허우적허우적
집채만 한 큰 소가 깊은 강 한복판에서
강추위 강추위가 아니었다면 물귀신이 되었으리

소는 건넌다 못 건넌다 옥신각신 끝에
조심조심 살금살금 얼음판 위라 간 떨어질 뻔
인공(人共) 여름 한철이 하도 절레절레해 1.4후퇴 떠난 길

소 끌고 지게 지고 하루 종일 지친 몸
끼어 앉을 틈도 없어 모닥불 둘러앉아 새우는 밤
뭔가 지글지글 타면서 빈속을 뒤집어 회가 동하는 냄새

옆자리 열세 살 소년 나 몰라라
스루메 스루메 생전 듣도 보도 못한 소리 지껄이며
그날 이후 오징어만 싫어진 게 아니다 춘천 사람마저도.

2010. 7. 1

# 어느 나라 관광객

뒤룩뒤룩
집채만 한 하마궁둥이

뒤따르는
커다란 룩색 멘 사나이

살찌운 말[河馬]에
짐도 실리지 못한 채

홀로 젊어지고
뒤뚱뒤뚱 따라가는

가련한 마부(馬夫)
연상시키는 해 지는 쪽 나라 풍속도.

2010. 7. 5

# 신문의 위력

시인 아무개
미당 서정주 시회상 수상
어느 일간신문에 실린 눈곱만한 기사

그날 오후
따르릉 따르릉 따르릉
받아 보니 타과 대학동기 왕래도 없던

축하하네
대단한 상을 탔대 그려
아이 고마워 어찌 그리도 작은 것을 보았담

전화를 끊고
신문의 위력 새삼 느꼈지
그런데 수개월이 지난 지금 심정은 달라

위대한 건
신문이 아닌 그 친구란 생각
보고도 침묵하는 다수 가운데 우뚝 선.

2010. 7. 22

## 왜 남을 의식해

왜 남을 의식해
나 하고 싶은 대로 못하나

누가 뭐래
내 꺼 내 마음대로 하는데

무엇이 무서워
법을 어긴 것도 아니면서

남이 무슨 소용
밥을 주길 하나 옷을 주길 하나

혼자 잘났다
큰소리 뻥뻥치며 사는 사람도

옆집 청년 뻔질나게
웃통 훌렁 벗고 팬티바람으로 드나들면

법을 어긴 것도 아니고
제 꺼 제 마음대로 하는 것이건만

참다 참다못해
한마디 하려고 나서리 나서리라.

2010. 8. 12

# 나로호의 난산을 바라보며

출산 예정 일시
2009. 8. 19. 5pm
누구도 의심치 않는 순산의 시간

섬뜩한 느낌
까만 상복정장의 사내들*
진통이 막바지에 달한 산실을 응시한다

조금만 더 조금만 더
힘주어라 힘주어라 하는데
갑자기 산모의 비명 소리가 뚝 멈춘다

나가길 거부당한 아이
이리 뛰고 저리 뛰는 의료진
원인의 진실을 끝끝내 알아내지 못한다

어찌 짐작이나 하리오
삼신할머니의 저 노여움을
상복차림에 신생아를 맞이하려는 무지렁이 세상에.

* 국무총리를 위시한 고위 공직자들.

2009. 8. 24

## 으스스한 일식의 추억

너무나 생생해
초등학생 시절 고향 동네에서 체험한 일이

하늘과 땅이 온통
황달에 걸린 듯 샛노래지면서 캄캄해졌다

어둠의 종류가 아주 달라
일몰 후나 소나기 먹구름의 것과는

금방 무덤이 열려
죽은 사람이 뛰쳐나올 듯한 으스스함

새나 가축들도
놀라 울부짖으며 숨을 곳을 찾아 달아났다

기억엔 분명히
천안이 중심이 된 개기일식이었는데

지금 매스컴은
61년 전 일을 그리 전하지 않는다

추억의 오류인가

부분일식에서도 일어날 수 있는 일인가 답답해

꼭 다시 한번 보고 싶다
지구상 어딜 가서라도 기회가 되면

지난 7월 22일의 부분일식은
하늘과 땅의 연출이 아닌 색안경 놀이였으니.

2009. 7. 23

## 뿔난 종묘혼령

날이면 날마다
웬 사람들 그리 몰려와
목례 한 번 없이 시끄럽더니만

담배 한 대
마음 편히 피울 수 없게
손발을 꽁꽁 묶어 놓으려 들다니

소름 끼치는
사이렌 소리 천장 물벼락
늘 우비에 귀마개 해야 할 처지

감시망 깔아
일거수일투족 노출되어
어디 야간잠행인들 할 수가 있나

뭐니 뭐니 해도
여기만은 우리가 주인인데
제멋대로 이리저리 휘저어 놓다니

고요한 달빛 아래

뜰 거닐며 담소 나누던
그 시절로 되돌릴 수는 없단 말인가.

* 철통같은 CCTV, 스프링클러, 화재탐지기 등에 에워싸인 혼령의 처지를 딱하게 여기면서.

2009. 11. 30

# 겨울다우니 그리워지네

귀가 따갑다
턱이 시리다
정신이 번쩍 든다

쌓인 눈
강추위에 솔아 바삭바삭

참으로
오랜만에 머플러 귀 가린 채

사각사각
눈 밟으며 걸어가자니

세월은 흘러
늙은 몸 고궁을 거니는데

어느덧
몸과 마음은 고향 땅

맑은 영혼
피 끓는 나무꾼 소년 되어 있네

엄청 추워도
엄청 더워도
엄청 배고파도 떠오르는 건 고향 생각

이겨 이겨 내
살아남았기에
쓰라린 맛 가신 추억 그리워지는구나.

2010. 1. 14

# 몰골

몰골
콘테스트를 열어 본다

홍역으로
동네아이 쓸어간 뒤
남겨진 피골이 상접한 어린 몰골

학질로
계속되는 하루거리에
노랑 방퉁이가 된 비실비실 소년 몰골

식중독으로
저승문턱까지 다녀와
철학자가 다 된 퀭한 눈의 청년 몰골

폐렴으로
시나브로 축난
주름만 가득한 초라한 노년 몰골

몰골에도
역시 젊음이 중요해
가련함도 비장함도 없는 나이 먹음이여!

2010. 5. 20

# 봄 부르는 소리

쌓인 눈
얼어붙은 길
자빠질세라 땅만 보고 조심조심 걷는데

숲 속에서
은은히 들려오는
이름 모를 새봄 부르는 소리에 발길 멈추니

양지바른 벤치엔
아직 스치는 바람 쌀쌀한데
임 그리는 듯 낯선 사내 멀뚱멀뚱 앉아 있네

돌아오는 길
한옥 대문에 나붙은
立春大吉을 보고서야 오늘이 입춘인 줄 알았다

그럼 혹시
봄 부르던 그 새마저
먼저 와 입춘방 읽고 간 made in china란 말인가?

2010. 2. 4

# 산마늘의 쾌거

2월 22일

여기저기
뒹구는 눈덩이
반짝반짝 눈물 흘리는 오후

혹시나 해
산마늘 묘지를 찾았다
지난해 봄 쾌거를 떠올리며

서서 내려다보니
아무 싹도 보이지 않아
쪼그려 살피니 뾰족 머리를 내미네

하나 둘 셋 넷
숨어 버릴라 삭은 가지 꽂으며
어미닭인 양 줄탁동시로 쪼아 댔다

어느덧 열 마리가
언 땅을 뚫고 달려 우승한 산마늘
밴쿠버의 메달리스트 화신처럼 빛난다.

2010. 2. 25

# 도자기 빚는 발

크기도 모른다
형체도 모른다
언제 불가마에 구워질지는 더더욱 모른다

품값을 받는 것도 아니다
칭찬을 받는 것도 아니다
누가 시켜서 하는 것은 더더욱 아니다

질퍽질퍽 진흙을 이겨댄다
꾸덕꾸덕해지면 반들반들 다듬으며
발자국을 남겨보려고 찍고 또 찍어댄다

찍은 위에 또 찍은 지 수수만 년
억조의 형체 알아볼 수 없으니
발자취 있다고도 없다고도 할 수 없어라

족적의 켜 쌓여 간다
맨발 짚신 고무신 장화 운동화 구두의
두께 점점 불어나 대지살갗에 산을 이루며

언젠가 불가마 되어
커다란 지구도자기 구워질 때
천상의 고고학자 몰려와 캐내리라 무량의 발 발 발.

2010. 3. 1

# 어이할꼬 창경궁 소나무

차마 눈뜨고
바라볼 수가 없구나
융단폭격을 맞은 듯 만신창이가 된 그대들

고이고이 용틀임으로
가꾸어 온 세월이 얼마더냐
집권자 잘못 만난 아이티 꼴이 되다니

조금만
사려 깊은 관리자 만났더라면
하룻밤 봄눈에 귀한 목숨까지야 잃었으랴

가는 곳마다
나뒹구는 주검과 피비린내뿐인데
책임질 사람은 그림자도 보이지 않는구나

어이할꼬 어이해
아름답던 자태 어디 간들 만나랴
이승에서 못다 이룬 꿈 극락정토에서나 이루렴.

2010. 3. 10

# 늙은 봄눈아

하늘나라 눈도
고령자가 얼마나 늘었기에
봄비 내릴 자리까지 빼앗아 가며
질척질척 늙은이 눈곱 닮은 봄눈을 내리나

젊은 가을눈처럼
나뭇잎 우수수 떨어뜨리는
칼 같은 서릿발의 카리스마도 없어
파릇파릇 돋아나는 새싹들 시큰둥하는데

떨어질세라
부둥켜안는 힘 어찌 그리 강해
고이고이 받아주는 점잖은 소나무
부러뜨리고 넘어뜨리니 해도 해도 너무해

아 봄눈아
늙은 게 무슨 벼슬이라고
존재하는 것만으로도 무거운 짐인데
한풀이하듯 여기저기서 일까지 저질러서야.

2010. 3. 18

## 장맛비

얼마나 더럽고 더럽기에 이 땅
날이면 날마다 쏟아 붓는 하늘 물.

2011. 8. 4

# 콩을 팥이라 하는 세상

몰라 못 배워서라면 무슨 말을 하리
입만 열면 학벌자랑 줄줄줄 나오면서
자기 집에선 콩으로 팥죽 쑤지 않는 걸 보면
콩인 줄 뻔히 알면서 팥이라 박박 우기고 있으니
지성인임을 포기한 거짓말쟁이 분명한데
바른말쟁이보다 거짓말쟁이의 대중 속 인기 더 높아
거짓말이 성하면 배는 산을 향해 기어오르고
바른말이 성하면 배는 강으로 뱃머리를 돌리지만
엎치락뒤치락하다 바다에 다다르기도 전 난파될지 모를 판
보트피플 되면 거짓말쟁이 발붙일 곳 어디 있으랴
애완견을 왜 그리도 좋아하는지 알 것만 같다
적어도 거짓말 하는 애완견은 없기 때문이리니.

2010. 10. 22

## 염치(廉恥)
– 유명환 외무의 딸 특채사건을 보며

한 방울
한 방울
한 방울

똑 똑 똑
절벽 위에서
물이 떨어집니다

나 몰라라
목말라 모여든 사람들
힘센 사나이 비켜줄 줄 모릅니다

군중들
참다 참다못해
사나이를 번쩍 들어 내동댕이칩니다

여기저기서
땅이 떠나갈 듯
박수 소리가 터져 나옵니다

놀란 사나이

줄행랑을 치며 씨부렁거리는 말

염치란 걸
아무도 가르쳐 주지 않은 걸 어떡하란 말이야.

2010. 9. 9

# 맥아더 장군님

자유의 수호신
더글러스 맥아더 장군님이시여

그대가 지켜준 자유 덕분에

오늘 아침에도
이팝에 고깃국은 밀쳐놓고
다이어트 하느라 야채로 배를 채웠답니다

그대가 지켜준 자유 덕분에

연평도에서
연방 맞기만 한다고
이명박 대통령을 몹시 나무라는 시를 썼답니다

그대가 지켜준 자유 덕분에

출장이다 여행이다
오대양 육대주 구석구석
돌아다니며 삶의 영토를 넓힐 수 있었답니다

혹 시기하는 자

그대에게 삿대질한다 해도
부잣집에 망나니 자식 한둘 어딘들 없겠습니까

한 맺힌 못다 이룬 꿈
깊어만 가는 북녘의 신음 소리에
130세의 노구 흐트러짐 없이 꼿꼿이 서 있는 그대여.

* 하도 답답해 찾은 인천자유공원 맥아더동상 앞에서.

2010. 12. 9

## 짜증나

네거리 소통 마비니
보이리 보이리라 신호조작 교통순경
짜증나

벌초 성묘 귀찮다
부모유골 뿌려버리고 놀러나 다니는 자식
짜증나

애완견 애지중지
부모에겐 전화 한 통화도 인색한 자식
짜증나

북한찬양 열 올리다가
가서 살라면 설레설레하는 종북주의자
짜증나

군대도 갈 수 없는 몸
일처리 제대로 되겠나 국회의원 고위공직자
짜증나

천안함 연평도 동네북
전쟁공포증 너무 심한 군대 못간 대통령
짜증나

안보(安保)인지 안보려는 건지
태반이 넘는 병역면제자의 안보장관회의
짜증나

대국이라 큰소리 뻥뻥
억지춘향으로 북한 감싸는 좀생원 중국

짜증나.

2010. 12. 2

# 태풍이 불어옵니다

태풍이 불어옵니다
아름드리나무 뿌리째 뽑혀 생을 마칩니다
위쪽이 다 챙겨 아래쪽이 허약해진 업보로

태풍이 불어옵니다
크나큰 나무가 우지끈 뚝딱 부러집니다
허우대만 키우느라 속을 채우지 못한 업보로

태풍이 불어옵니다
어리석은 중생 눈 틔우고 싶어
세찬 바람 맞아 봐야 겨우 깨닫는 이를 위해

태풍이 불어옵니다
더욱더 세차게 세차게 때립니다
한두 번에 깨우치지 못하는 이 너무 많아

태풍이 불어옵니다
한반도에 자주자주 세차게 세차게
60년 전 처절했던 빨간 태풍 벌써 잊었느냐며.

2010. 9. 5

# 삼일절 날

동트기 전
추적추적 찬비 내리더니

날 밝으니
하늘하늘 눈발 날린다

이제나 저제나
쌈박질 그칠 날 기다리다

얼마나 상심 커
이리도 을씨년스런 날씨로

기다린 김에
조금만 더 조금만 더

이집트 리비아
썩은 고목 쓰러지는 소리 들리니

머지않았으리
우리 고목인들 어찌 지탱하리오

만세 소리
파고다 하늘에 새겨질 날 오리니.

2011. 3. 1

# 하늘 위에 땅*

천둥(天動)이
지진(地震)에 놀라 경기(驚氣)하니

천심(天心)이
민심(民心)에 놀라 줄행랑치는 세상

하늘 남편
아내 밑에 깔려 어찌 숨죽이지 않으리.

* 하늘 위에 땅 : 지구촌 잦은 강진에 쓰나미 및 이집트 리비아의 민중봉기 그리고 여존남비화 되어 가는 세태를 보면서.

2011. 4. 11

# 삼지구엽초의 푸념

깊은 산속
그리운 내 고향에서
오순도순 잘 살던 나 억지로 데려와

애지중지
심고 물 줄 때까지만 해도
낯선 타향에 정 붙여 살아보려 애썼는데

어느 날
할배 하나 곁에 와
내 이름표 보더니 좋은 약재라며 캐는 게야

오는 손님
맞으려 몸단장한 나를
더구나 경로 공짜손님 처지에 어찌 이럴 수가

아직 멀었어 멀어
우리나라가 선진국이 되려면
버젓이 이름표 달고 살 날이 언제나 오려는지.

2010. 9. 2

## 플라타너스

먼동도 아직인 새벽
자동차 헤드라이트에 놀라
찬 아스팔트 위를 이리저리 쫓기는 너의 분신

너무너무 어설퍼
이 땅에 온 지 몇 세대인데
혼혈도 못한 채 짙은 이방인 티 마음 편치 않아

지금이 어느 시대인데
가로수면 가로수다워야지
더위 다 지난 첫겨울까지 짙은 그늘 만들질 않나

아기자기 귀여운 간판
나 몰라라 두터운 장막을 쳐
애타는 상인의 원성 아는지 모르는지

예쁜 꽃도 열매도 단풍도 없이
지난 시절 떡대 좋은 마당쇠 모습으론
혹 바람기 과수댁이라면 몰라도 어느 누가 반기랴

미안타 미안해
그간 너의 수고 모르는 바 아니지만

설 자리 사라져 가니 너희 나라로 돌아감이 어떨런지

하기야 너 닮은 인간도 있으니
차라리 들꽃으로 태어났더라면 좋을 걸
사람 몸 받아 갖은 악업 짓는 이 늘어만 가는 세상.

2010. 11. 29

# 제육 빠진 제육볶음

휘휘 저어보아도
고기 한 점 없는데
화가 나질 않고 웃음이 나온다

탕! 탕! 탕!
여기요 이게 뭡니까?
젊어선 소리부터 질렀을 텐데

조리한 아줌마
된통 야단맞진 않을까?

고기만 건져 먹고
오리발 내민다 하진 않을까?

고기 양 적다고
투정부리는 걸로 비춰지진 않을까?

주저주저하다가
싱글싱글 웃으며 "여기요! 없네요"

다행히
실수로 빠뜨렸다 하여 안심

나이란
단순한 숫자만이 아닌 듯싶다.

2011. 1. 24

# 까치설날

외로움이 스며들 때면
홀연 베란다에 깡충 나타나
깍 깍깍 깍 노래해 주는 정다운 친구

오늘은 소식이 없네
차례 지내고 성묘 떠났나
큰길 내려다 봐도 가로수만 덩그러니

축하해 주리라
벼르고 별렀는데
받기만 하고 베푼 것 없어

그럴지도 몰라
마음씨 고운 녀석이라
흰떡가래 물고 북녘 땅 어린이 찾아갔을지.

2010. 1. 7

# 인큐베이터 인생

열 달 동안
머물며 자라던
자궁인큐베이터를 박차고 나와

가다랭이 전갱이가
난류인큐베이터에 머물 듯

붕넙치 연어가
한류인큐베이터에 머물 듯

번데기가
누에고치인큐베이터에 머물 듯

몸에 맞는
인큐베이터를 찾아 머물다가

선택된 인간만이

꽃가마 타고
영구히 편히 쉴
대지인큐베이터로 들어가는 세상.

2011. 1. 31

# 얼굴폐(弊)

형님 형님 형님
다급히 부르는 소리

뒤돌아보니
오십대 청년이 달려와

나요 나 영만이
형님 늙었네 나를 몰라보다니

아무리 보아도
모르는 사람이라 할 수 없이

내 이름을 아시오 하니
형님이 모르니까 나도 모를 줄 아시오

유영준 형님이면서……
아니오 나는 한가랍니다

깜짝 놀라며
미안합니다를 연발한다

아 괜찮아요

가끔 있는 일이니까요

중얼거린다 뒤통수에 대고
누굴 닮아 미안하구려 젊은이.

2011. 4. 4

# 병도 고쳐 주는 호텔

호텔
호객행위도 가지가지

병도
고쳐 준다고 홍보하는

손님이
미어진다 대학병원호텔

방이 모자라
늘 대기 손님이 줄을 선다

서비스는
턱도 없지만 요금은 특급

사시사철
불황을 모르는데 갈수록 심해

땅 짚고 치는 헤엄
특급호텔은 왜 따라 하지 않는지

알다가도 모를 일.

2011. 7. 25

# 방생하는 궁

오늘은
백중(百中)날
이 절 저 절 방생(放生)을 떠나는데

옛 궁(宮)에
들러 둘러보니
여기가 바로 방생하는 궁일세

늘 이맘때면
붕붕붕 제초기 돌아
풀 피비린내 코를 찔렀는데

올해는 풀들의 세상
한데 어울려 둥실둥실
춤추며 부르는 노랫소리 뿐

어디서 날라 왔나
참새들 떼를 지어 짹 짹 짹
풀씨 먹느라 시간 가는 줄 모르네

동물원 시대가 가니
방초원(放草園) 시대 왔다며
목청껏 부르는 풀들의 만세 소리 요란하구나.

2010. 8. 30

## 까치부부가 집을 짓네

까치부부가 집을 짓네
아침 일찍부터 저녁 늦게까지

까치부부가 집을 짓네
신랑색시가 공평하게 꾀부림 없이

까치부부가 집을 짓네
서두르지 않고 몇 달씩 차근차근

까치부부가 집을 짓네
10층에 붙은 호텔 로고와 벽 사이에

까치부부가 집을 짓네
짐이 무거울 땐 세 번씩이나 쉬며 올라

까치부부가 집을 짓네
가끔 가끔 건축 재료를 재단도 해 가며

까치부부가 집을 짓네
아들 딸 낳아 잘 기를 꿈을 꾸어 가며

까치부부가 집을 짓네
지진도 쓰나미도 걱정 없는 명당 찾아

까치부부가 집을 짓네
취득세도 등록세도 재산세도 면제받은.

2011. 4. 5

## 묵은 마을 묵은 집의 향기

생각이
구닥다리라서 꼭 그런 것만은 아닙니다

함께한 세월이
가장 오래되어서 꼭 그런 것만은 아닙니다

집밖에 나가면
낯익은 얼굴이 많아서 꼭 그런 것만은 아닙니다

자식 낳아 길러 내보낸 추억이
쌓인 먼지 속에 숨어 있어 꼭 그런 것만은 아닙니다

낡은 집과 마을이
늙어 가는 몸을 닮아 있어 꼭 그런 것만은 아닙니다

걸어서 5분 안에 있답니다

구멍가게도 있답니다
재래시장도 있답니다
약국도 있답니다
전문가정의도 있답니다
시내버스도 있답니다

지하철도 있답니다
밥집도 있답니다
산책공원도 있답니다
종교시설도 있답니다
수도 보일러 가스수리 집도 있답니다

농익은 장맛처럼
묵은 집 묵은 마을의 향기는 더해만 갈 수밖에

더구나 포탄이 날아오는 날
수도 전기 가스가 다 떨어진다 해도
몇 날 며칠이야 견디게 해 주지 않겠습니까? 묵은 향기로!

2010. 12. 6

# 춘곤증(春困症)

지나는 바람에 봄소식 물으니
동구 밖에서 졸고 있다 하네.

2011. 3. 21

# 해로하는 부부

멀리
떨어져 걷다가

가까이
다가서 걷다가

손을
잡고 걷다가

팔짱을
끼고 걷다가

한 몸이
되어 걷다가

한구덩이에
들어가 나란히 눕는다.

2011. 1. 3

# 고마워라 귀코눈

소음 소음도
막지 못했지
찾아내는 기계 신음 소리

악취 악취도
막지 못했지
찾아내는 큰 사고냄새

먼지 먼지도
막지 못했지
사람과 기계의 꿰뚫음

공장에 입사
사장으로 마친 35년
혹사 혹사도 뛰어넘어

들을 수 있고
맡을 수 있고
볼 수 있으니 감사 감사뿐

아내의
돌발성 난청 치료를

바라보며 더욱더 느낀

언제 날 받아
훈장 수여라도 해야겠다.

2011. 8. 8

# 가슴 아려라

추우면 추워서
더우면 더워서
아침저녁 올라타는 부부였다네

비가 오면 비가 와서
눈이 오면 눈이 와서
아침저녁 올라타는 부부였다네

배고프면 배고파서
배부르면 배불러서
아침저녁 올라타는 부부였다네

기쁘면 기뻐서
슬프면 슬퍼서
아침저녁 올라타는 부부였다네

아프면 아파서
건강하면 건강해서
아침저녁 올라타는 부부였다네

바쁘면 바빠서
한가하면 한가해서

아침저녁 올라타는 부부였다네

헤어져야 하다니
다시 태어난 새 인생의 반려자 너
가슴 아려 가슴 아려 가슴 아려라.

＊14년간 타던 승용차를 보내며.

2011. 5. 6

# 0순위도 바뀌어

어릴 적 0순위는
먹이 확보 싸움이었지
굶주리던 시대에 살아남아야 하기에

학창 시절 0순위는
학업성적 올리는 일이었지
바닥 치고 오를 수 있는 유일한 길이기에

직장 시절 0순위는
일의 능률 올리는 일이었지
일을 잘 해야 삶의 풍요로움이 잡히기에

노년 시절 0순위는
피로할 땐 순간순간 쉬는 거야
건강균형 깨지 말아야 노후를 즐길 수 있기에

사후 시절 0순위는
아마도 도(道)를 닦는 일일 게야
빈손으로 토굴에 누워 할 일이 그것 말고 없을 듯하여.

2010. 8. 26

# 불끈 솟아오르는 해

크고
아름다운
빼얼건 해가
불끈 솟아오릅니다

날이면 날마다
피를 부르는 산고(産苦) 속
우렁찬 고고성(呱呱聲)을 울립니다

오늘도
큰 꿈일랑 놓치 말아라
갓난아기의 아름다움을 지녀라
어떤 어려움이 닥쳐도 불끈불끈 힘내어라.

2010. 12. 23

## 숨어 흘린 눈물

어머니만 모르시던
백색 가운의 차디찬 사형선고

행여 눈치 채실라
방구석에 숨어 숨어 흘린 눈물

울어도 울어도
눈물샘은 펑펑 솟구쳐 오르고 올라

큰아들
논산훈련소에 내려놓고

창피해 창피해
참으려 참으려 하다가

소피보는 척
허둥지둥 달려간 둑방

큰딸 개혼(開婚)
땅 끝 부산에 놓아두고

사위스러워

안 보이려 안 보이려 해도

야속하게도
뺨을 적시던 뜨거운 물건

울려면 마르고
참으려면 나오는 청개구리 오줌이련가.

2011. 5. 30

# 예의 바른 해

해 맞으려
흰 와이샤쓰 넥타이 차림으로 기다리면

새벽 아침
눈 뜨자마자 부리나케 인사를 옵니다

방 안 가득
갓 태어난 빨간 아기의 얼굴로

적적할까 봐
왁자지껄 한나절 놀다 갑니다

저녁 무렵이면
거나히 취한 늙은이 모습으로 다시

예의 바른 해는
아주 똑똑하기까지 합니다

내가 없는 날은
어찌 알았는지 인사하러 오질 않습니다.

2011. 1. 17

# 고문의자

입에 재갈을 물려
호스로 물을 부어 넣는다

드르륵 드르륵
쇠 깎는 소리를 낸다

신경을 건드려
깜짝깜짝 놀라게 한다

물이 기도로 들어갈 듯
숨을 제대로 쉴 수 없게 한다

붉은 피가 솟지만
쉽사리 멈추려 하지 않는다

억울해 억울해
고래고래 소리 지른다 치과의자.

2011. 8. 5

## 대학병원

무슨 소문났기에
유통기한 지난 명품들이
몰려온다 이 마을 저 마을에서

어느 누구도
먹으려 하기는커녕
거들떠보려고도 하지 않는 명품

어찌하면
천천히 썩어 갈까 해서

어찌하면
빼얼건 녹을 벗겨 볼까 해서

어찌하면
구겨져 가는 품위를 유지할까 해서

받쳐 들고 온다
아직 유통기한 내 명품의 새끼가

썩어도 명품이라
문드러지지 않는 한

쓰레기통에 함부로 버리지도 못한다

방마다
집집마다 고을마다
쌓이고 쌓여 간다 기한 지난 명품들이.

2011. 7. 21

## 명당자리

태풍도
홍수도
산사태도

지진도
쓰나미도

천년만년
피해 가는 명당 있다지만

누구나
누릴 수야 없는 복

옴짝달싹 못하는
저 세상 사람의 집 아니라면

순간순간의
무수한 명당 찾아야지 찾아야 해

지혜의 눈

크게 뜨면 보이리 보이리라 피난처.

* 2011. 7. 27 폭우로 무수한 생명을 앗아간 우면산과 춘천 팬션 산사태 등을 보며

2011. 7. 28

# 미라의 행진

체감온도
영하 30도라도 되었나

더럽게 추운 날
무섭게 추운 날
치사하게 추운 날

거리에 나서니
너나없이 눈만 빼꼼한
영락없는 미라행진이 이어진다

아이 미라 어른 미라
뚱뚱이 미라 홀쭉이 미라
꼿꼿한 미라 꾸부정한 미라

따뜻한 땅속에
조용히 머물 일이지

무슨 꿈 있어
종종걸음을 치고 다니나

중천에 떠 있는 해도
손볼 엄두 못 내고 실실 웃기만 하네.

2011. 2. 3

# 그리운 친구

아! 저 친구
이도쭈(伊藤忠) 도노상 아니야
20년 전 헤어진 정감 넘치는

삼복더위 피해
운현궁 노락당 툇마루에 앉은
뚜벅뚜벅 다가갔지 미소 띠우며

뭐라 한다
나를 물끄러미 바라보더니
순간 그렇다면 맞는단 말인가

웬걸 하는 말
사장님 인물이 참 좋으시네요
당황하며 얼떨결에 선생님도 인상이

빗나갔지만
주고받은 덕담(德談)으로
그리운 친구 생각하며 즐긴 뜨거운 오후.

2011. 8. 11

# 고향은 멀리멀리

노숲
집성촌 고향 마을

○○댁
○○○댁
정감 나는 택호 많기도 해

찾아들면
활짝 웃어 반기던
대부 대모 아저씨 아주머니

한 분 두 분
세월에 묻혀 흘러가
택호만 덩그러니 남은 빈집

뉘 있어
옛이야기 털어 내며
껄껄껄 너털웃음 웃어 보랴

고향 마을만 있을 뿐
고향은 멀리멀리 사라져

그래도
변치 않는 고향 하나
어머니 아버지 계신 선산이 반겨 주네.

2010. 10. 4

# 추억이 향기로운 까닭은

‘아부디 아부디
장에 가면 갑사댕기 사다 두어’

망백(望百)이 넘어서도
고모님 볼 때마다 떠오르는 그림

막내 고명딸
호랑이 아빠한테
한없이 어리광 부리네그려

엿보던 올케
얼마나 부러웠으면 입으로 입으로

추억이 향기로운 까닭은
언제나 지금보다 젊기 때문인 걸.

2011. 4. 28

# 살아서만 친구

얼마 전
대학 동기 동창이 떠났다

많기나 한가
여남은 모이는 같은 과 동기

망년회 모임에서
누가 묵념이나 하자 했지만

반응이
너무나 시큰둥해 무산됐는데

일 년 결산서를 보니
조화도 깜빡 잊고 안 보냈다나

눈에 안 보인다고
존재하지 않는 것은 아닐 터

안 보이니깐
완전히 사라졌다고 믿는 건 아닐런지

믿거나 말거나
살아 친구면 떠난 친구도 친구이리니.

2010. 12. 16

# 세배는 인품

할아버지 말씀
세배(歲拜)가 아니라 시비(是非)니라

할 사람한테 안 하거나
하지 말아야 할 데 하거나
하는 순서를 바꾸어 하거나

어릴 적 집성촌
말도 많고 탈도 많은 세배

차례 지내고 성묘 마친 다음
타이밍 잘 맞추어 멋지게 끝나면
날아갈 듯한 기분 되어 즐긴 명절

시비가 싫어
흰머리 되도록 일관된 세배
그게 바로 인품의 초석 될 줄이야

젊은이들이여
귀찮다 피하지 말게나
시비를 즐기며 살게 아니라면

한식(寒食) 전 세배이니
시간 핑계는 핑계일 뿐이라네.

2011. 2. 24

# 반응도 나이 따라

친구가
갑자기 떠났다는 소식에

50살은 깜짝 놀라는 나이

60살은 놀라는 나이

70살은 놀라는 척하는 나이

80살은 시큰둥하는 나이

90살은 연락 없길 바라는 나이

100살은 못들은 척하는 나이

나이 많아 떠나걸랑
친구 불러 절반을 욕심일랑 버리게나.

2011. 2. 14

# 어머니 의자

돌아가신 어머니
딱딱한 까만 교의(交椅)
얼마나 불편하실지 몰라

딱 맞는 의자
맞춰드리고 싶지만
혼령의 풍채 알 길이 없네

지난 세월
많은 의자 앉아 봤지만
어머니 무릎의자 가장 편했는데

받은 만큼
돌려드릴 수 없음이
자식의 숙명이려니 자위할밖에

꿈속에서
외할머니 만나면
부탁해 볼까나 부탁해 볼까나.

2011. 5. 16

## 외할아버지 따라 하기

시 짓기
젊어 자식교육 올인하기
전통문화 앞장서 지키기
조상산소 석물해 드리기
정의의 불호랑이 노릇하기
체험으로 건강관리 연구하기
알고 보니 한평생 한 일이 외할아버지 따라 하기였네

외할아버지는
생각만 해도 가슴이 뛰는 분
어머니를 좋아해서만은 아니다
비록 서너 살 때 서너 번 만난 게 전부지만
어머니 말씀 중에 살아 숨쉬었기에 늘 함께한 분이였네

외할아버지는
미래를 내다보는 혜안이 계셨나 봐
갓 태어난 송아지 졸졸 따라다닌다고 선뜻 주시더니
6.25피난 시절 불어난 소 두 마리 굶어 죽을 고비 넘겨주었네

외할아버지 댁은 파라다이스
이어달리기로 피는 정원의 꽃꽃꽃
여기저기 매달린 무르익은 달콤한 과일

토종꿀 빚느라 분주히 날아다니는 벌 떼 웽웽웽
힘자랑하려는 듯 올라타라고 내민 펌프가 큰 거북등
최신문물 고을 안 으뜸이라 마루에선 괘종시계 땅땅땅
마고자 속 회중시계 똑딱똑딱 안방에선 미싱소리 드르르

외할아버지시여!
받기만 하고 갚지 못한 허물 크오나
한 점뿐인 혈손 당신의 모습 빼닮은 채
오늘도 따라 하기 열중이오니 너무 섭섭해 마시기 바랍니다

부디부디 극락왕생하시기를.

2010. 9. 20

# 폐(弊)를 생각케 한다

弊 弊 弊
일본 열도의 화두(話頭)
쓸고 간 쓰나미만큼이나 강력한

집집마다
딸 여섯씩 시집(詩集)보내보니

시종일관 묵묵부답인 사돈
간간이 소식 보내는 사돈
처음엔 보내다 마는 사돈
침묵하다 요즘 보내는 사돈
처음부터 꼬박꼬박 보내는 사돈

사돈도 가지가지라

어느 사돈엔가
분명 弊를 끼치는 것 같아

앙케트라도 하고 싶지만
또 다른 弊가 될 터이니

냉가슴만 앓는 친정 애비.

2011. 3. 31

# 암캐의 힘

온 동네 수캐도 모자라
건넛마을 건달패까지 몰려와

목숨 건 싸움판을 벌인다
승자만이 누릴 수 있는 맛을 위해

겨우 알아차린 주인
신바람이 나 어깨가 으쓱으쓱

발산하던 냄새 사라지니
넘쳐 나던 활기는 언제 그랬냐는 듯

개는 개인 게야
간단없이 풍기는 여인이야 어찌 흉내 내리.

* 섹시한 여인의 위력을 실감하며.

2011. 6. 23

# 손톱을 깎으려면

어머니
돌아가신 지 반세기가 가까워 오건만

아직도
손톱을 깎으려면 창문을 열어 본다

지금이
환한 낮인지 어두운 밤인지 헤아리려

밤인들
두 번 세 번 돌아가실 리 없건만

아마도
마음 한구석엔 아직 살아계신 겐가

오늘도
웃자란 손톱 언제 자를까 들여다본다.

2011. 8. 8

# 얼굴을 보노라면

얼굴을 보노라면
살아온 역사가 보인다

착하게 살았는지
악하게 살았는지

귀하게 살았는지
천하게 살았는지

수월케 살았는지
험하게 살았는지

행복하게 살았는지
불행하게 살았는지

어쩌다
복잡한 얼굴을 만나면

얼마나
살아가기가 힘들었기에

촉촉한
연민의 정을 느낀다.

2011. 6. 27

## 행복전도사의 옷

– 최윤희 씨의 자살을 보며

얼마나 몸집
부풀리고 싶었기에
가누지도 못할 큰 옷을 입다니

젊어서야
너울너울 춤추는 척
어릿광대 노릇 하다가

나이 들어
기운 떨어져
옷에 눌려 변을 당하였구려

「자살」을 뒤집으면
「살자」가 된다던 그가

「살자」를 뒤집어
「자살」을 택하고 말았네

루스프 통증
얼마나 지독한지
알지 못하며 무슨 말을 하리오

그 큰 몸집에
어떤 이는 도움을
어떤 이는 주눅 들어 상처 받았으리니

우리는 몸에
맞는 옷 입고 있는지
되돌아보게 하는 하루이어라.

2010. 10. 14

# 모이 주는 노인

해마다 늙어
매력이 없어진 건가

용돈 궁색해
모이 질 나빠진 건가

비둘기 까치
어디서 배불리 먹은 건가

줄줄 따라다니며
머리 어깨에 펄펄 날아 앉더니만

모이를 뿌려도
시큰둥하는 저 모습의 배신감

아무래도
학교에서 무상급식 하는 모양이지

이래저래
새들 활기 떨어뜨려 노인 초라해져.

2011. 6. 30

# 투박한 시계

언제부턴가
투박한 시계를 더 좋아한다네

이른 아침 눈뜸은
하루를 가늠하는 투박한 시계요

동창 친구 모임은
한 달을 가늠하는 투박한 시계요

산야의 색향(色香)은
계절을 가늠하는 투박한 시계요

어머니 기일(忌日)은
일 년을 가늠하는 투박한 시계요

들려오는 부음(訃音)은
일생을 가늠하는 투박한 시계라네.

2011. 5. 5

## 한밭 가던 날

허구한 날
온 세상을 돌아다닌 줄 알았는데

막상
KTX를 타고 보니 참 오랜만이다

지나간
일 년 중 가장 먼 여행이라니

안방샌님이
남이 아님을 알아차린다

사춘기 소년인 양
좋은 이웃 오기를 바라는데

기대는 산산조각
산(山)만한 익산(益山) 아가씨 나타나

겨우겨우
엉덩이를 끼워 넣느라 애를 쓴다

앉자마자

들고 온 감자칩 햄버거 콜라를 먹어 대니

더 불어나면
내가 잘 내릴 수 있을지 은근히 걱정이 된다

속으로 껄 껄 껄 껄
내 걱정이 앞서니 아직 멀었다는 생각이 든 하루.

2010. 9. 23

# 훔쳐본 저승 풍경

아무래도 이상해
연하의 남편도
빌빌대던 아내의 남편도
먼저 떠나 과부가 늘어만 가는 이승

저승 사정이 어떻기에
남자를 먼저 끌고 가는지
참다 참다못해 저승을 훔쳐보았지

저승은 농경 사회야
자동차도 농기계도 없는 우마차시대
들에는 곡식이 그득 가축은 살이 쪄 뒤룩뒤룩
손이 턱없이 모자라는 게야

엎친 데 덮친 격으로
전쟁이 허구한 날 끊이지 않아
젊은 과부들만 우글우글 씨받을 사내도 부족

농사 지으랴
우유 짜랴
땔나무 해 오랴
출산율 올리랴 남자의 일손이 태부족인 게지

음지가 양지 된다더니
농사짓고 노동일 하던 이가 인기 만점이야
책상머리에서 큰소리나 치던 친구들 고생께나 하겠더라.

2011. 1. 10

# 추석 명절
– 힘겨우나 즐거운

늙은 몸
차례 상 준비
힘겨우나 즐거워라

추석날
머나먼 성묘 길
힘겨우나 즐거워라

맛난 음식
유혹 뿌리치기
힘겨우나 즐거워라

추석 보름달
보내야 하는 마음
힘겨우나 즐거워라.

2010. 9. 30

# 넘어가는 해

크고
아름다운
빼얼건 해가
휘적휘적 넘어갑니다

활활 불타오르는
열반의 다비(茶毘)장으로
들어가는 고승(高僧)인 듯 도도히

오도송(悟道頌)이
은은히 들려옵니다
더 늦기 전에 버리려무나
세속에서 찌든 때일랑 한 점 남김없이.

2010. 12. 27

# 나도 도사라네

살아온 수많은 나날
하루라도 게으름 피울라
마음이여 그대의 이끌어 온 공 컸어라

아무리 명석한 그대
정밀하게 계산을 한다 해도
이 몸의 육감보다 더 정확하기는 어려우리

두드리면 두드릴수록
단단해지던 시절은 지나
두 동강이 날까 위태위태한 상태이니

어려운 때를 만나
서원의 높은 뜻 이루려면
그대와 나 오순도순 사이좋은 친구여야 하리.

2011. 1. 13

## 엊그제 일

흥선(興宣)*이 난(蘭)을 치니
추사(秋史)가 빙긋이 웃네.

* 홍선 : 고종의 생부 흥선대원군으로 난을 잘 쳐 그의 스승 추사 김정희가 이르기를 "압록강 동쪽에는 이와 겨룰 작품이 없다"고 극찬함.

2011. 3. 16

# 우면산(牛眠山)아

소야 소야
어찌 천년 잠을 깨었느냐

억수장맛비
코로 들어가 재채기를 한 게냐

눈코에 박은 말뚝
너무 아파 참지 못한 게냐

탁한 공기 탁한 물
견디기가 어려웠던 게냐

네 존재 무시하는
인간이 미웠던 게냐

하날만 받드는 족속
벌주기 위함인 게냐

너 닮은 인간
점점 사라져 일깨우려 함인 게냐

좀 살살 꾸짖으렴
분별없는 인간 무슨 짓 할지 모르니.

2011. 7. 30

## 꽃샘추위 3

샘이라니 너무너무 억울해
잠시 멈춰 꽃 구경하려는데.

2011. 3. 21

# 봄바람

짙은 향 깜짝 놀라 둘레둘레 둘러봐도
예쁜 여인 찾을 길 없어 가슴만 설레네.

2011. 5. 3

# 추분 날 하늘

몇 날 며칠
흙탕물 쏟아 내려
온 세상 더럽히더니

내 언제 그랬냐는 듯

오늘은
옥색 맑은 물 펑펑펑
쉼 없이 부어내리누나.

2010. 9. 23

# 누가 삼청이라 했던가

건들장마*
말끔히 갠 새벽 아침
뚜벅뚜벅 삼청(三淸)에 오르니

깨끗이 씻은 인왕산 맑아　　　　　　淸山
퐁퐁퐁 쏟는 골짜기 물 맑아　　　　淸水
얼굴 스치는 산뜻한 색바람* 맑아　淸風

청산 청수 청풍이라 삼청이련가

고개 드니 옥 같은 하늘도 맑으니　淸天
속세를 벗어난 듯 마음도 맑으니　淸心
이들을 바라보는 눈도 맑으니　　　淸眼

누가 삼청이라 했던가
삼삼청(三三淸)도 더되는 걸
극락정토인들 이와 얼마나 다르랴.

* 건들장마 : 초가을에 비가 쏟아지다가 번쩍 개고 또 오다가 다시 개는 장마.
* 색바람 : 초가을에 선선히 부는 바람.

2010. 10. 7

## 동글동글 동백섬

동그란 붉은 해
아직 바다 속 꿈나라인데

동그란 눈망울
동그란 궁둥짝 실룩실룩 흔들며

동그란 꿈 간절한가
동글동글 동백섬을 돌고 돈다

돌고 돌다 보면
눈 익은 궁둥이 어느덧 바뀌어

헌 궁둥이 새 궁둥이
얼키설키 무리 지어 돌아가는 세상

한 바퀴든 열 바퀴든
돌고 돈 흔적 찾을 길 없어라

휘적휘적 즐기세요
질세라 땀 흘린들 무엇이 남으리오.

2010. 10. 25

## 아스팔트에 태어난 낙엽

간밤
천둥소리에 놀랐나
비바람에 몸을 맡겼나

유산인지
난산인지 순산인지
아스팔트에 태어난 다문화 아기들

새벽은
아직도 멀었는데
눈부신 헤드라이트에 놀란 듯

이리 몰리고
저리 쏠리는 무리들
시기도 장소도 험히 타고났구나

밝은 날
고요한 숲 속이라면
옹기종기 모여 어미의 사랑 흠뻑 받을 걸

날리고
밟히고 짓밟히며 지르는 비명 소리

들리는지 안 들리는지 무심히 달리는 자동차

해야 해야
빨리빨리 뜨거라
스러져 가는 저 아이들 구하러 119 달려오리니.

2010. 11. 8

# 외로운 달

차디찬 겨울밤
홀로 얼마나 외로웠기에

그리도 반기나
새벽녘 바라보는 나

미안타 미안해
흐렸나 개었나 보기 위함이었는데

서울 시민이
천만이면 뭘 하나 봐 주는 이 없으니

군중 속 외로움
쓸모없어 버려진 늙은이 닮아 있구나.

2010. 1. 27

# 헷갈리는 꽃망울

입춘 지난 거 어찌 알았는지
뻐꾹 뻐꾹 뻐뻐꾹 울어 대는데

질세라 인왕산에 쌓인 눈
빤짝빤짝 찬바람 불어 대니

어느 장단에 맞출지 몰라
꽃망울 방긋방긋 움찔움찔

종일토록.

2011. 2. 10

# 가는 겨울이여

어색한 만남도
헤어질 때는 시원섭섭한데

가는 겨울이여
어찌 시원하기만 한 건지

음기(陰氣) 너무 넘쳐
양기(陽氣)의 태양 흐늘흐늘토록

삼한사온의 땅
만주벌판도 시베리아도 아닌데

그래 봐야 숫자일 뿐
방마다 작은 태양 끼고 살았으니

나갈 땐 눈만 빠끔한 미라
키스 한 번 하지 못 하였으리

음탕한 음기여
얻은 것이 과연 무엇이었던가

어서어서 떠나거라
뒤돌아보지 말고 다시 올 땅도 아닐 테니.

2011. 2. 21

# 군자란

유난히도
추운 겨울 아랑곳없이

일찍이도
피었네 주황색 환한 꽃

탐스런
꽃무리 횃불인 양 치켜들고

맑은 향
구석구석 가득가득 채우니

오랜만에
돌아온 손자* 방방 뛰는구나

이름도
아름다워라 군자란(君子蘭).

* 미국 유학 가는 아빠 따라갔다 2년 만에 돌아온 작은아들네 꼬맹이 둘.

2011. 2. 28

## 리본 맨 나무의 슬픔

– 리본 맨 종묘 쪽 창경궁담 부근 나무들을 보며

꽃단장이면
얼마나 좋을까

불길 불길해
아무리 생각 생각해도

유태인도 아닌데
히틀러 시대도 아닌데

어느 날 갑자기
파랑 아니면 빨강 아니면 흰 리본

몇 날 며칠 밤잠 설치는데
무어라 한 마디 설명도 없으니

마음 마음만은
당장 멀리멀리 도망가고 싶어

창경궁 담 지킴이 얼마인데
포상은 못할망정 이런 대우를

아우슈비츠 보낼 양이면
하루빨리 보내시구려 차라리

저승에 빨리 가
은혜를 저버리면 어찌 되는지 보렵니다.

2011. 3. 28

# 목련(木蓮) 1

내 아직
그대처럼 아름다운
신부(新婦)를 보지 못했네

훤칠한 키
순백의 살결 흰 웨딩드레스
화려한 봄 무대의 여왕이구려

만년설의 나라
고향 색(色) 간직한 채
북향한 얼굴 보노라면 머리 숙여져

아름다움에
절개(節槪)까지 지니었으니
뉘 있어 그대와 감히 겨누리오.

2011. 4. 5

## 5월의 꿈

연둣빛 여린이
눈부셔라 눈부셔라
삐쩍 마른 나뭇가지에 사뿐히 앉은

하늘에서 내렸나
하늘하늘 춤추니
동자승 머리통 닮아 빤짝빤짝

나도야 나도야
부러워 부러워 하도 부러워
싱그러운 연둣빛 상추쌈 입 안 가득

샅샅이 샅샅이 살핀다
늘어진 피부 이 구석 저 구석
혹시나 혹시나 하는 꿈에 부풀어.

2011. 5. 10

## 조약돌 2

동글동글 빤짝빤짝
조약돌을 들여다본다

겪은 풍상 얼마이기에
서슬 시퍼런 젊은 흔적 사라져

어디가 머리인지 몸통인지
알아볼 길 없이 팔다리도 다 감췄네

꽉 다문 입은
말로 짓는 구업(口業) 저어함이런가

팔다리 감춘 건
몸으로 짓는 신업(身業) 저어함이런가

주머니 한 개도 없는 건
탐욕심을 다 버렸음이런가

갓난아이 피부는
젊어지는 샘물이라도 마셨음이런가

가슴 활짝 열어 속 시원히
간직한 신비의 여정(旅情) 들려주려무나.

2011. 8. 1

# 꽃비 길

꽃비가 내리네
머리에도 마음에도
허공에도 길바닥에도

소리가 들리네
살금살금 걷노라면
웃음소리인지 울음소리인지

알 수가 없다네
밟힌 녀석의 소리인지
안 밟힌 녀석의 소리인지

알아 무엇 하리
이미 한 몸인 걸
밟는 자나 밟히는 자나.

2011. 4. 21

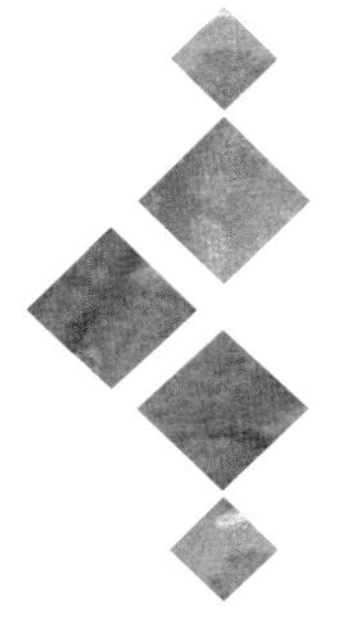

# 제4부

# 여기는 화성이로소이다

## 투표소 가는 길

아침 일찍 뿌리던
비가 그쳐 상쾌한 기분이다

입원 중이라 시장선거 등
두 번이나 못했으니 얼마나 좋은 날이냐

지팡이는 짚었지만
투표소까지 걸어갈 수 있다는 게 대견해

한발 한발 다칠세라
조심조심 아내와 함께 걸은 한 시간여

길가에 피어 반기는
목련 개나리 진달래 벚꽃이 축하해 주는 듯

상식을 벗어난 정치는
유권자의 자질이 낮은 탓 누구를 원망하랴

자라나는 세대를 위해
제대로 된 한 표는 반드시 행사해야 한다

투병 후 가장 긴
걷기여행이 의미 있고 탈 없이 이루어져 기쁘다.

2012. 4. 11

# 가뭄으로 말하려는가

타 들어간다
저수지 바닥이 쩍쩍 갈라지도록

타 들어간다
곡식이 산천초목이 목을 움츠린 채

타 들어간다
농부의 마음이 바싹바싹 재가 되도록

타 들어간다
아직도 산야에 묻힌 참전용사의 유해가

타 들어간다
목숨 바쳐 지켜 낸 호국 영령의 마음이

타 들어간다
날뛰는 종북좌파를 보는 국민의 마음이

임금님이 기우제를 지내며
초가에서 겨우 목숨만 부지하던 정신이
부도덕한 정치인들의 귀감이 되지 않는 한

비는 내리지 않으리라
100여 년 만의 가뭄도 6.25의 달이 가기 전에는.

2012. 6. 25

## 김치갈비탕 궁합에 꽂혀

먹으면 먹을수록
점점 더 빨려 들어가는 합궁의 맛

널찍하고 시원시원한
인테리어에 친절한 서비스도 일품이다

커다란 뚝배기 속
펄펄 끓는 국에 푸짐한 갈비가 나오면

금시 뽑아낸 당면을
비운 그릇에 갈비 덩어리를 건져 낸 다음

가위로 자른 잘 숙성된 김치
한 보시기를 탕 속에 집어넣어 간을 맞춘다

밥은 딱 한 숟갈이니
주식(主食)이 김치인지 갈비인지 헷갈리지만

상큼한 김치갈비탕 국물에
속이 확 뚫리고 쌓였던 피로가 싹 가신다

김치와 갈비탕의 합궁

어찌 이리도 환상의 커플일까 놀라울 뿐

늘 삐걱거리기만 하는 정치인들
하누소에 와 이 김치갈비탕 한 그릇씩 먹어 보시게나.

2012. 8. 5

# 염라대왕

누구나
염라대왕하면 벌벌 떠는데

나에게는
친근감을 주는 저승의 대왕이다

이유는 너무나 간단해
차기 염라대왕 예정자라는 믿음 때문이지

누가 언제
그런 계시를 주었는지 말하기는 어려우나

아주 오래전부터
입버릇처럼 천기누설(天機漏泄)를 해 오던 터라

곰곰이 생각을 해 보니
지난번 염라대왕의 숨은 뜻도 알 듯하다

아무래도
저승 문턱에서 나를 돌려보낸 건

상왕으로 물러나

뒷방 늙은이가 되긴 아직 싫었던 모양이야

설마하니 대왕 예정자에 대한
청문회야 없을 테니 마음 놓고 기다려 보는 수밖에.

2013. 2. 3

## 책들의 함성

이미 수년 전
무덤에 묻힌 수수만 권의 책들이

술렁 술렁거린다
이제 다시 살아나게 되었다고

정말 걱정했지 뭐야
주인의 손을 떠나 박스에 들어갈 때는

필경 펄프공장으로 가
지독한 양잿물에 녹아 생을 마칠 거라고

이런 행운이 찾아올 줄이야
넓디넓은 방 안에 새로 장만한 책장이라니

얼마나 시원하고 좋을까
찾아주는 손님의 귀염까지 받으며 살 테니

아 이러고만 있으면 안 되지
먼지도 털고 깨끗이 몸치장도 해야 하지 않겠어

술렁임은 점점 불어나
함성이 되어 집이 떠나갈 듯 소리소리 지른다

우리 주인 만세 만만세! 만세 만만세!

2012. 4. 2

# 호랑이들의 호강

기나긴 세월
온 세계에서 몰려온 호랑이들

컨테이너 박스나 다름없는
좁디좁은 오피스텔에 겹겹이 쌓여

숨도 크게 못 쉬고
세수 한 번 못한 꾀죄죄한 몰골이다가

때를 잘 만나
목욕하고 분장까지 하니 한 인물 나는데

넓디넓은 큰 방에
3,000여 호랑이들이 자리 잡고 포효까지

하나하나 개성이 넘치니
어느 녀석 하나 허투루 보아 넘길 수 없네

보는 이야
입장료만 내면 마음껏 볼 수 있다지만

걱정이 태산이다
저 많은 호랑이들 먹여 살릴 일이 만만치 않아.

2012. 4. 18

# 레임덕은 온다

누구에게나
레임덕은 온다 죽어서라도

임기 만료되는
대통령이나 국회의원만이 아닌

호랑이에게도
이빨 빠지는 순간부터 발 빠르게

너무 걱정할 게 못 된다
자기 굴에 저장해 놓은 먹이만 잘 지키면

잊지 말아야 한다
자기 이빨이 빠져 있다는 걸 잠시라도

어흥 어흥 지배는 던져 버려라
잘 나가던 시절로 착각하면 일이 터지고 만다

히죽히죽 웃는 이빨 빠진 호랑이
먹이만 떨어지지 않는다면 무엇을 걱정하리

토끼도 노루도 멧돼지도
슬금슬금 놀러 오리니 스릴 넘치는 무용담 들으러.

2012. 5. 29

# 밝은 해

상서로운 기운이다
자정이 다 된 시각에 밝은 해가 뜨다니

나라의 운명은
개인의 운명을 초월하는 것

자자손손
이 땅에 뿌리내리고 살아야 하니

우선 5년간은
다리 뻗고 잠들 수 있게 됐다

문제 있는 사람이 떴다면
잠을 설치었으리라 80세를 넘도록.

2012. 12. 19

# 하늘별 땅별

밤하늘에 깜빡깜빡하는 별은 예나 지금이나 인데
땅 위에 깜빡깜빡하는 별은 해가 갈수록 불어난다.

2012. 10. 25
깜빡깜빡하는 노인을 보며

## 사라진 인성

똥 싼 여인이 긴 소파에 누워 있다
너르디너른 병원 홀 환자 휴식 공간
맞은편 소파에는 남녀노소 여럿이 앉아 있으나

누구 하나 관심을 두지 않는 듯
한 시간이 지나도 처음 본 그대로다
깔끔한 옷차림 베이지색 바지 궁둥이에 똥을 싼 채

저 여인을 어찌 보기에
골치 아픈 노숙자로 보는 걸까
아니면 사람으로는 보고 있는 걸까
아니면 돼지 정도로 보아 넘기는 걸까
아니면 생명이 없는 마네킹으로 생각하는 걸까
아니면 자기와 관계없는 일에는 상관하지 않는다는 걸까

자기네 애완견이라도 저러지는 않으리
수치심도 도덕심도 자비심도 측은지심도 사라진
벽에는 커다란 글씨로 『○○○의 사랑으로 인류를 질병으로부터 구원하리라』고 쓰여 있는 바로 그 밑에서 벌어진 현상이라니

기다리다 기다리다 떠나오면서

나이 먹은 여직원을 불러 선처를 부탁하였으나
사라진 인성(人性)에 대한 무거운 마음이 좀처럼 떠날 줄 모른다.

2012. 9. 27

# 요즘 택시를 타 보면

고령의 기사가 왜 그리 많은지
사대문 안 태생이 왜 그리 많은지
어릴 적 부자였던 사람이 왜 그리 많은지
훌륭한 부모를 둔 사람이 왜 그리 많은지
사업을 해 큰돈을 번 사람이 왜 그리 많은지
돈은 넉넉하지만 심심풀이로 한다는 사람이 왜 그리 많은지

자랑일까
자책일까
진실일까
허풍일까
일이 힘들어서일까
못 이룬 꿈 이야기일까
아무튼 징징 울어 대는 것보다는 흥미롭다

맞장구 치다 보면
6.25피난민 가운데
고향 집 뒷마당에 금송아지 한두 마리 묻어 놓고
나오지 않은 사람 없었다는 생각이 떠오른 것도 사실이다.

2012. 11. 29

# 두뇌를 바꿀 수만 있다면

어릴 적부터
시험공부는 미리미리 준비해야
직성이 풀리는 성격이라 할 일을 미루지 못하더니

늙어서까지
해도 그만 안 해도 그만인 일을
죽어라 해야 행복감을 느끼게 되어
요즘도 과로로 이가 솟고 편두통도 왔다

큰딸년 하는 말
쉬어야 할 아버지는 일을 너무해 탈
공부해야 할 자식들은 빈둥빈둥 놀아서 탈
아버지와 자식들 행동이 딱 바뀌었으면 얼마나 좋겠어요

과학이 더 발달해
두뇌를 맞바꿀 수 있다면

아인슈타인 같은 천재의 머리는 그 손자와 바꾸고
그 손자가 늙으면 또 그의 손자와 바꾸어 영원토록 이어 가리

개만도 못한 짓 하는 놈의 머리는
말 잘 듣는 충직한 개머리와 바꾸어 개과천선도 시키고.

2013. 1. 3

# 검찰의 구형대로라면

검찰은 구형했다
○○어린이 성폭행범에게

사형과 함께
전자발찌 부착 30년
성충동 약물치료 15년
이와 함께 주거지 제한
자정부터 오전 6시까지 외출 삼갈 것
초등학교 · 유치원 · 아동보육시설 · 어린이공원 등 시설 100m 이내 접근 금지
성폭행 프로그램 500시간 이수 사항도 청구했다

검사의 구형대로
판결 나고 형 집행이 이루어진다면

야단이다
사형된 시신에 전자발찌를 끼웠다가 30년 후 시신을 파내어 풀어주어야 하고
시신을 정기적으로 꺼내어 15년간 약물치료(화학적 거세)를 해야 하고

무당을 동원하거나

염라대왕에게 부탁해 혼령의

주거지 제한을 시켜야 하고
자정부터 오전 6시까지 외출을 삼가 시켜야 하고
초등학교 · 유치원 · 아동보육시설 · 어린이공원 등 시설 100m 이내 접근 금지시키고
성폭행 프로그램 500시간 이수를 준수 시키도록 해야 하니 말이다

워낙 흉악한 범죄인지라
저승에 가서도 도지지 말라는 법 없으니
사형 후까지도 철저하게 관리 감독하는 모양이다.

2013. 1. 13

# 노숙차

올겨울에는
노숙차(露宿車)가 유난히도 많다

너무 추워서일까
경기가 나빠서일까
눈이 너무 많이 와서일까

꾀죄죄하다 못해
일 년 내내 세수 한 번도 안한 얼굴로
부끄러운 줄도 모르는지 깨끗한 거리를 활보한다

보기만 해도 꼬랑내에
근처만 가도 때가 옮겨 붙을 것만 같은 몰골
목욕탕에 갈 돈이 없으면 한강물에 텀벙 미역을 감든지

노숙자(露宿者)는 낫다
골목길에서 어슬렁거릴지언정
부끄러움을 알아 그런지 큰길은 되도록 피하는 걸 보면

노숙차나 노숙자나
혐오감을 주는 건 오십보백보지만
노숙차야 돈이 없는 것도 아니니 더 치사할 수밖에

설마하니
봄비가 쏟아져 거저 씻어 주길 기다리는 건 아니겠지.

2013. 1. 17

## 검증된 게 좋다 해도

세상이
하도 빨리 변화하다 보니

남보다
한 발 앞서 가는 건 위험이 많다

슬슬슬
뒤따라가며 검증된 걸 즐기는 게 좋아

비용도
저렴하고 예상치 못한 일에 애먹지도 않으니

세상사
검증된 것만을 택하여 재미를 본다 한들

아무래도
배우자까지 검증된 사람은 아닌 성싶다

검증이
끝났다면 기혼의 할배 할매밖에 없을 테니

잘살아
검증된 할배 할매 부부가 되는 수밖에

사람도
스마트폰처럼 찍어 내는 시대가 온다면 몰라도.

2012. 2. 22

## 그대 있으매

그대 있으매
불끈 솟아오르는 태양이 나인 양 힘이 느껴집니다

그대 있으매
밤하늘의 총총한 별이 더욱 또렷또렷이 다가옵니다

그대 있으매
봄·여름·가을·겨울의 어떤 변화도 아름답기만 합니다

그대 있으매
아득한 추억이 황홀한 영상 되어 널리 펼쳐집니다

그대 있으매
시(詩)의 샘이 끊일 줄 모르고 졸졸졸 흘러나옵니다

그대 있으매
하루하루가 눈부시게 빛나고 행복을 가져다줍니다

그대 있으매
드리워주는 생명줄로 깊은 나락도 두렵지 않습니다

그대 있으매
나도 이 세상도 존재하고 있음을 새록새록 새깁니다.

2012. 3. 4

## 망설이던 부산 길

할 일이 있어
꼭 가 봐야 할 텐데
일기예보가 억수 같은 비로 겁을 준다

발목만 온전하다면
그까짓 비쯤이야 무슨 문제이랴만
망설이다 망설이다가 비를 맞으며 택시를 탔다

신기하게도
서울역 가는 도중 비는 그치고
부산 하늘도 빗방울 하나 뿌리질 않은데다
서울역에 도착해서도 오던 비가 멈춰 있었다

승용차 기사가
사장님이 가시는데 비는 꼭 그칠 겁니다
주문처럼 되뇌던 말이 아직도 유효하단 말인가

힘이 솟아난다
비록 죽다 살아났다 해도 달라진 게 없이
새로 시작한 삶에도 행운이 따른다는 암시에

일기예보도
맥을 못 추고 무너지는
여행길에 그치는 비가 고맙고 고마울 뿐.

2012. 7. 13

# 미역국 다이어트

귀빠진 날에는
빠뜨릴 새라 환영을 받다가도

시험 보는 날에는
질색을 하고 외면당하는 미역국

나와는 깊은 인연
시험만이 아닌 체중도 떨어뜨릴 줄이야

빽빽한 미역 건더기에
양념 격이 된 밥 한 술로 한 끼를 때워

운동을 해도
견디기 어려운 헛헛증이 해결되니

다이어트 음식으로
이만한 음식을 아직 만나지 못했다

나이가 들면
체중이 줄어든다는데 아직 젊단 말인가

조금만 한눈팔면
치솟으니 우리 인연은 꽤 많이 남은 듯

오늘도 미역 건더기를 먹는다
그대 만난 걸 한없이 고마워하면서.

2012. 4. 1

# 결혼한 날

할아버지 할머니
결혼 45주년을 축하드려요
결혼 100주년까지 오래오래 건강하게 사세요
〈한병윤 올림〉

한 면엔 축하 케이크를 그려 넣은 카드
초등학교 2학년 작은아들네 큰손자가 만들어 온 선물이다

책상 위에 놓고 본다
화려한 꽃인들 맛난 음식인들 이보다 더 좋으랴

한 해도 거르지 않은 결혼한 날
보석 꽃 케이크 외식이 번다하다 하여 점점 줄여
저 멀리 아름다운 북한강가에 가 함께하는 외식
올해는 내가 3인 3각의 몸이라 작은딸이 대신했다

따뜻하고 맑은 봄 우리 결혼한 날은
지금 생각해도 긴장되고 신비롭고 설레인다
예식이 끝난 다음 사모관대에 처가에서 받은 큰상
저녁 무렵 처음 타 보는 비행기로 들른 제주호텔 신방

순탄할 수 있으랴

숫총각 숫처녀가 치러야 하는 첫날밤이었으니
나는 고녀가 아님에 기뻐 날뛰고 아내의 심한 통증
이래저래 우리 부부는 잊을래야 잊을 수 없는 사건의 날이다

챙기리 챙기리라
우리 부부가 해로하는 날까지 금혼식도 회혼례도 즐겁게.

2012. 5. 30

# 명아주 풀

봄이면
여리디여린 새싹을 뜯어 나물을 해 먹던

밭이고 길섶이고
여기저기 돋아나 귀찮기도 했던 명아주 풀

어찌 그대가
이리도 튼튼하고 가벼운 지팡이로 변신했나

청려장(靑藜杖)이란
이름도 아름다운 명아주 지팡이로

예부터 팔십이 되면
임금님이 하사했을 만큼 고귀한 몸

어쩌다 나는
팔순도 안 되어 그대 신세를 지게 되어

요즈음엔
외출할 때면 쏙 빠진 청려장이 따라 나선다네

나도 그대 닮아
여린 발목 변신시켜 튼튼히 만들리 만들리라.

2012. 7. 15

## 그림의 떡

그림의 떡이
날이 갈수록 자꾸자꾸 늘어만 간다

젊어 한때는
아무리 예쁜 여자라도
자식 몇 명 더 얻는 것도 그림의 떡은 아니었다

건강할 때는
하루 2만 보를 걷는 것도
중남미나 아프리카처럼 힘든 여행도
달나라 여행이 시작되면 달나라 여행까지도 아니었는데

건강을 잃고 나니
날이면 날마다 드나들던 창경궁 창덕궁도
우르르 몰려다니는 일본이나 중국 패키지여행도
먼 나라 이야기로만 들려오는 그림의 떡이 되고 말았다

시만 해도 그렇다
역사에 남을 몇 수 쓰는 것
남도 하는 일인데 나라고 못하랴

열심히 열심히 책도 많이 읽어 갔는데 지난 일 년이 그만

오늘은 월요일
퇴근하다 보니 굳게 닫힌 창덕궁 창경궁 대문이
그림의 떡도 아니라는 듯 나의 심정을 알아주는 것만 같다.

2012. 8. 13

## 즐거운 일요일

영화 영화 영화
개봉만 하면 장르에 매임 없이 보았지

시내버스 풍경은
오는 길 가는 길 일요일만의 찬스였어

삼청공원엘 올라
이른 아침 시원한 공기 마시며 산책을 즐기고

삼청동 길을 내리면
날마다 진화하는 아기자기한 볼거리에 심취된다

불교의 본산 조계사
커다란 삼존불에 윙크하고 10층 석탑을 돌아 나오면

부랴부랴 상영시간에 다다라
컴컴한 관람석에서 아내가 준비한 다과와 커피를 마셨지

반기는 식당에 들러
정겨운 이야기 나누며 점심을 먹고 돌아오는 일요일

정신을 차려 보니

어언 일 년 전에 저 멀리 물 건너갔을 줄이야

찾아야지 찾아야 해
홍수에 배는 떠내려갔어도 배를 준비해
물 건너간 일요일의 즐거움을 찾아오고 말 거야.

2012. 8. 19

# 첫 만남의 설렘

이 세상 첫 만남은
컴컴한 어머니 자궁 속 입덧이 심해셨다지

학교와의 첫 만남은
왜정시대 소학교로 일본말 배우느라 설레었지

지게와의 첫 만남은
6.25때 일꾼이 의용군에 나가 5년간 지며 설레었지

기차와의 첫 만남은
중 3때 창경궁 산업박람회에 가느라 설레며 탔지

첫 출근에 양복 넥타이와 첫 만남이
손목시계도 청계천 고물상에서 샀지만 퍽 설레었지

여자와의 첫 만남은
어렵게 인천에서 아내와 만나 정신없이 설레었지

외국과의 첫 만남은
68년도 일본연수 가느라 김포공항이 떠들썩했지

내 저서와의 첫 만남은

1999년 "자식을 부모의 팬으로 만들어라"로 무척 설레었지

바라고 바라는 첫 만남은
서원의 꿈을 이룰 재단을 만드는 일 상상만 해도 설레지

언제일지 마지막 첫 만남은
저승길이지만 할 일만 다한다면 설렘 없이 편안히 떠나리라.

2012. 9. 14

# 나침판도 없는 항해

항해를 한다
나침판도 없이 망망대해를

목적지는 있지만
어디로 가야 할지 북두칠성만 바라보네

방향만 안다고 될 일도 아니다
타고 있는 배가 무사히 도착할 수 있을지

아무도 모른다 태풍을 만난다면
대대적인 개보수가 필요하다는 것밖에

내일은 누구도 모른다지만
희망은 있어야지 파도에 맡긴 배는 흘러흘러

먹고 싸고 자고
본능만 채우면서 오늘 이 시간에 만족해야 하니

배는 망망대해에서
머리는 멍멍대해에서 오락가락 방향을 잃었구나.

2012. 9. 25
기약도 없이 발의 족쇄를 또 3개월 더 차라니

# 또 금쪽

내 입 안이 금광인가 봐
재채기 크게 하니 금쪽이 또 나오네
노후에 용돈 걱정은 안 해도 되겠구나.

2012. 9. 11

# 싹이 보이네

아버지가 지차시라
증조부모 차사만 모시고
족쇄 찬 처지인 내 대신으로
자기 부모와 함께 떠난 성묘 길

여기저기 떨어진 알밤 주워
증조 고조 오대조 십대조 산소까지
주운 밤을 상석에 올려놓고 절을 한
작은아들의 유치원 다니는 둘째 아들놈

대구 집으로 떠나기 전
승용차에 타 차창 밖으로
할머니 고모할머니를 부르더니

손에 꼭 쥐고 있던 오백 원짜리 동전을
할머니와 고모할머니 손에 쥐어 드리면서
자기가 마련해 온 용돈을 드리는 거라고 한
작은아들의 초교 삼학년에 다니는 첫째 아들놈

싹이 보이는 구나
어린 녀석들의 마음 씀씀이가
조상제사 모시는 건 걱정 안 해도 좋으리라.

2012. 10. 1

# 재수가 없는 복

오늘은 수능일
재수가 없는 복 있는 날 되어 주길
전국의 모든 수험생들이 간절히 염원한다.

2012. 11. 8

# 미식가의 반납

체중이
휴전선을 넘으면
살과의 전쟁이 시작된다

제일 먼저
미식가를 반납하고
미역 건더기를 주식으로 하여 밥 한 숟갈

부식으로는
구운 고등어 한 토막에
야채를 썰어 올리브유를 친 샐러드 한 접시

아침저녁
똑같은 메뉴에 질려도
체중은 좀처럼 휴전선을 내려올 줄 모른다

입원 중에는
닥치는 대로 먹어도 먹어도
체중이 늘어나지 않아 걱정이더니

아직도 완쾌
판정이 내리지 않았는데

몸의 기능은 정상이라 그러려니 자위해야지

시험은
미끄러져 떨어뜨린다는 미역국의 위력도
체중은 떨어뜨리지 못하니 너도 꽤 답답하겠구나.

2012. 10. 14

# 우리 집 국보

오늘은
우리 집 국보* 심층 정밀 점검의 날

모처럼
최신 장비를 동원해
엑스레이촬영 초음파검사
내시경검사 세균검사 등을 했다

무슨 일이 있어
해체해 개보수를 해야 한다든지
썩은 게 있어 통째로 갈아 끼워야 한다면
어쩌나 하고 조마조마한 심정으로 지켜봤는데

천만 다행으로
큰 부식도 흰개미 침입도 없이 온전하단다

이 세상에
영원불변한 게 없으니
늘 이러하기를 바랄 수 있으랴만

아무튼
오늘은 기쁜 날이다.

* 우리 집 국보 : 70 넘은 아내.

2012. 11. 22

# 당신 친구

오랜만에
먼 데서 그리던 친구가 찾아왔다

이 얘기 저 얘기를 하다가
병상일지를 쓴 시집을 주니까 하는 말

우리 마누라가 그러대
당신 친구는 은제 시 쓰고
은제 조각하고 은제 아플 새까지 있당가요

듣고 보니 뜨끔했다
언젠가 팔순 노교수가 하던 말이 떠올라

지금도 일 년에
논문 몇 편씩 쓰느라 아플 시간이 없다고

곰곰이 생각해 보니
너무 열심히 살아 병이 난 게 아니라
게을리 살다 생긴 일이라는 걸 깨우쳤다네.

2012. 11. 25

# 느긋할 수 있다면

일찍 일어나
쌓인 눈을 치울 것도 아니고

장작을 패
군불을 지펴야 할 것도 아니고

여물을 썰어
소죽을 쑤어야 할 것도 아니고

학생도 아니니
밀린 공부를 해야 하는 것도 아닌데

오늘 같은 일요일
평일보다 한 시간 늦게 일어나야 하는 게 왜 이리 힘든지
잠이 깨어 오늘 할 일 중 무엇을 빼야 하나 궁리궁리를 한다

일이라야
할 수 있으면 시 한 수 쓰는 것
밀린 책이나 문학잡지 뒤척이는 것
구르기 운동을 하고 저녁에 샤워하는 것

오전 오후에 일요 TV프로 한 편씩 보는 것

세모니 한 해 일어난 우리 집 10대 뉴스 정하는 것

오늘 해도 그만 안 해도 그만인 일인데
다 하자니 병이 날 것 같고 빼자니 찜찜한 성격

나 몰라라
하루쯤 뒹굴뒹굴 맘 편히 구르면 좋으련만
나이 들고 죽을 고비 넘기고서도 느긋함을 얻지 못하다니

천리마도 못 되면서 달려야 행복감을 느끼는 고질병.

2012. 12. 30

# 생맥주의 맛

묵직 투박한 1L짜리 유리잔에 마셔야 제 맛이 난다
가득 채운 잔을 두 손으로 맞잡고 마셔야 더 맛이 난다

통닭구이 안주를 곁들여서 마셔야 더 맛이 난다
하루를 마친 저녁 나른할 때 마셔야 더 맛이 난다

마음 맞는 연인이나 친구와 마셔야 더 맛이 난다
혼자라도 옛 추억을 떠올리며 마시면 더 맛이 난다

제상에 오르지 않는다는 생각을 하며 마시면
더더욱 맛이 난다.

2012. 12. 2

# 애마 목욕시킨 날

자식 넷
한 아이도 목욕시킨 일 없었지 없었어

애마(愛馬)는
내 손으로만 씻기니 깨끗이 깨끗이

흠이 날라
고운 수건으로 아래위 구석구석

겨울철엔
영상기온 되는 낮 고르고 골라

닦다 보면
새까만 염화칼슘 때 덕지덕지

족쇄 찬 발로
무슨 정성인지 나도 모른다 몰라

윤기 나는
천리마 타고 달리고 달리는 꿈 꿈 꿈.

2013. 1. 20

# 아난존자를 보는 듯

2500년 전의 아난존자가 환생한 듯

오랜만에 만난
대학 동창의 기억력이 유난히 특출 나다

시시콜콜
옛일을 주서 섬기는데 입을 다물 수 없어

하도 엄청나 물었지
자네는 누구와 복기(復碁)를 하지도 않았을 텐데
어찌 그리도 망각을 모르는 70노인이 되었단 말인가

부처님 열반 후
다문(多聞)제일 기억제일의 아난존자가 없었다면
어찌 부처님 말씀이 고스란히 불경으로 전해 오리

주인을 못 만나
아까워라 아까워 저 친구일생
암기력 포대에 옥이 아닌 온갖 세상잡사로 채워졌으니

처음 자리를 함께한
다른 과 동문과 주고받는 많고 많은 말들이

금성 말인지 화성 말인지 별나라 여행에서 돌아온 듯

옥중에서 사기(史記)를 쓴 사마천의 기억력인들 이보다 나았을까?

2013. 1. 27

# 정겨운 목소리

얼마나
기다렸기에

얼마나
기다렸기에

정겨운 목소리
전화 한 통화에 그리도

아침부터
몸이 찌뿌드드하고 울적하던 마음이

한방에
몸속에 쌓여 있던 노폐물이 싹 가시고

몸과 마음이
하늘을 훨훨 날 듯 개운하구나

나도 해 봐야지
정겨운 마음으로 목소리를 가다듬는다

나를 반겨줄 사람을 찾아.

2012. 7. 8

## 해묵이

깔끔한 성격 탓이었을까
무슨 부정이라도 타서였을까

바느질이든
뜨개질이든 하시던 일을
해묵이 하는 걸 아주 꺼리신 어머니

오늘 섣달 그믐날
조성하던 불상 마무리하려
텅 빈 오피스텔에 나와 뚝딱뚝딱

어머니 가신 지
44년이나 흘렀건만
그 정신 아직 피 속에 생생히 흐르네

오늘 할 일 오늘 마치고
올해 할 일 올해 마치는 습관
길러 주기 위한 조상님의 지혜가 아닐는지

해묵이가
다 나쁜 건 아니라네
수명만은 해묵어 내년으로 이어져야 좋으니.

2013. 2. 9

## 무심한 친구야

신동철
자네 너무너무 무심했어

문막중학교에서
단 한 명의 친구로 자네와 약속했는데

만나는 사람마다
자네의 행방을 묻고 물어도 나타나지 않더니

오늘에 와서
나는 저승에 와 있노라 소식을 전하다니

수십 년 보내던
연하장이 되돌아온 게 우리 인연의 끝이 될 줄이야

얼마나 만나고 싶었으면
동화역에서 까마득한 철다리를 건너는 모험을 몇 번씩

자네에게는 웃기는 얘기지만
일생일대에 내가 한 전무후무한 무모한 짓이었다네

이제와
무슨 염치로 자네를 무심했다 탓할 수 있겠는가

다 나의 불찰이지
꼿꼿한 성품이 나에게 부담을 주지 않으려 한 줄 알면서

잘가게 잘가
극락정토에 가 편히 지내게나 나도 기원해 줄게.

2012. 2. 28

# 까마귀의 죽음

조용한
일요일 오후 3시경

펑 하는
폭탄 터지는 소리에 이어

까옥까옥
까마귀 우는 소리 요란해

나가 보니
변압기에 감전된 까마귀의 죽음

사람의 죽음을 예견해
울어 대면서도 자기 죽음은 모르는 듯

남의 운명을 잘 보는 점쟁이도
자기가 죽는 날은 알지 못하는 걸 닮았구나

남편인지 아내인지 길 건너 전주에 앉아
까옥까옥 통곡하니 요즘 인간보다 나아 보인다

골목 사람들이 우르르 몰려나와
조문을 하니 이 또한 사람의 죽음보다 값지구나.

2012. 4. 15

## 옷방 속 애환

꺼리게 된다
옷방 속에 들어가는 게

무수한 상궁 무수리들의
집중되는 눈초리가 예사스럽지 않아

간절하다 못해 애처로운 저 눈빛
사랑받지 못한 세월 얼마나 길었기에

저 지경은 아니었을 텐데
사흘돌이로 바꾸는 난봉끼만 있었어도

문득문득 불쌍한 생각이 들지만
한번 정에 푹 빠지면 헤어나지 못하다 보니

저리도 정에 굶주려 몸부림친다면
달리 방법이 없다 재혼을 시키는 수밖에

걱정이 앞선다 하도 세상이 험하여
못된 놈 만나 모진 고생에 매까지 맞으면 어쩌나

숫처녀로 들어와 세상물정 모르는 순진한 것
어쩌겠는가 잘살고 못사는 건 제 팔자려니 해야지

마음 아프다 끝까지 못할 사랑 왜 들여놓았는지.

2012. 6. 9

# 만나 보고 싶은 사람

초여름 오후
서재에 홀로 앉아 눈을 지그시 감으니
만나고 싶은 사람들이 또렷또렷 떠오른다

어머니 할아버지 할머니 외할아버지
늘 찾아뵈옵던 친인척 어른
때만 되면 인사드리던 은사 어른
직장과 사회에서 고락을 같이한 선배 어른

작심하고 헤아려 본다
하나
둘
셋
넷
다섯
여섯
일곱
여덟
아홉
열
또 열 또다시 열을 세고 또 세도 끝이 없구나

몽땅 하늘나라에 가 별이 된 듯
밤하늘에 별이 저리도 총총한 이유를 알 것만 같다.

2012. 6. 13

## 소중한 마지막 만남

떠나다니
떠나다니
그리도 건강한 그가

그럼 그때가
마지막 만남이었나
너무너무 아쉬워 아쉬워

좀 더 다정할 걸
좀 더 친절히 대할 걸
소중한 마지막 만남인 걸

영원한 건 없다지만
너무나 쉽게 헤어지는 인연
언제 어디서 다시 만날 수 있으리

한 사람 한 사람
소중히 소중히 만나련다
웃는 얼굴로 정중히 진심을 다하여

밤하늘에

쏜살같이 떨어져 사라지는
별똥별을 놓치지 않고 바라보듯이.

2012. 8. 21

# 친구 만나는 날

미처 몰랐다
친구 만나는 날이
이리도 기다려지고 즐거울 줄이야

주름진 친구 얼굴에
지난날 젊은 모습이
오버랩 되어 내 청춘이 되살아남일까

지나온 세월
함께한 시간이 길어
공유한 추억이 두텁게 쌓여 있기 때문일까

깔깔한 세상에
지방 얘기나 정치 종교 얘기도
거침없이 탁 털어놓을 수 있기 때문일까

만남이
너무 버거운 시절도 있었지
일에 치어 사람에 시달려 홀로 있고 싶어

만나며 웃고
얘기꽃 피우며 웃고 헤어지며 웃다 보면

한 달에 한 번이
너무 길다는 생각이 든다
외로움은 독거노인만의 문제는 아닌 듯싶다.

2012. 10. 21

# 기다리는 사람이 있으면

기다리는 사람이 있으면
얼마나 하루하루가 설레이겠는가

기다리는 사람이 있으면
언제나 몸매를 가꾸는데 소홀하겠는가

기다리는 사람이 있으면
늘 젊은 마음을 가지려 힘쓰지 않겠는가

기다리는 사람이 있으면
긴긴밤 뜬눈으로 새웠다 투덜거리겠는가

기다리는 사람이 있으면
세월도 사랑을 더욱더 뜨겁게 하지 않겠는가

기다리는 사람이 있으면
죽는 날까지 삶의 희망을 놓을 수 있겠는가

기다리는 사람이 있으면
자기 혼자의 몸이 아님을 알아차리지 않겠는가.

2012. 4. 24

# 마음보

얼굴에는
심술궂은 마음보가 쓰여진다

억지로
가면을 써 감추려 하지 마라

차라리
탁 터놓는 게 인간답지 않을는지

때로는
예민하게 알아차리는 내가 원망스러워.

2012. 10. 21

# 노숙자(露宿者)

앰뷸런스가 사이렌을 울리며 달려오더니
길바닥에 누워 곤히 잠든 노숙자를 실어 간다
주인 허락도 없이 남의 안방에 침입해 납치라니.

2012. 10. 24

# 단골손님

내 서재에는
다섯 명의 단골손님이 있어
하루의 외로움을 모르고 살아간다

첫 손님은 밝은 해다
커튼만 열면 쏜살같이 들어와
어찌나 궁둥이가 무거운지 하루 종일 머문다

둘째 손님은 바람이다
문을 열어 주기만을 기다리다
들어오기만 하면 방 안의 먼지를 다 쓸어버린다

셋째 손님은 안부 전화다
자식을 넷씩이나 두었더니
날마다 꼬박꼬박 안부 전화를 하는 자식이 있다

넷째 손님은 솔향이다
백두 대간에서 자란 소나무 속 향
불상조각을 하면 솔솔 방 안 구석구석 찾아준다

다섯째 손님은 님 향한 마음이다
아직 이루지 못한 님 향한 소중한 꿈
잠시라도 쉴 때면 문득문득 찾아와 떠날 줄 모른다.

2012. 12. 6

# 아련한 추억의 연인

누군들 믿으랴 나도 믿기지 않는데

중학교 3년 동안
단 한마디 말도 단 한 번의 눈 맞춤도 없이
삭막한 전시에 멀리서 바라만 보고도 위안받은
훤칠한 키 뽀얀 피부 수심이 찬 듯한 1반 여학생
반이라곤 달랑 두 반 우리 2반은 남학생뿐 1반은 남녀혼합
들리는 말로는 자기 아버지가 부역을 해 춘천서 피난 나온

왜 그랬을까 단 한 번의 찬스는 있었는데
고등학교 합격을 하고 동화역에서 문막으로 가는 길
멀리서 그녀가 혼자 걸어오는데 말을 걸어야지 걸어야지
하다가 끝내 못하고 눈인사만 하면서 헤어지고 말았으니
길섶에라도 앉아 그동안 하고 싶었던 얘기를 나눴어야 했는데

나의 업보였지
우리 중학 동기동창회가 산산조각이 난 건
학생회장으로 일주일이나 전교생 동맹휴학을 주도한

목적달성은 하고도 겨우 퇴학만 면하고 수석졸업에 품행은 可
도지사 상은커녕 졸업식에도 불참 뿔뿔이 흩어진 콩가루 동기
동창

영영 만날 기회를 잃은 아련한 추억의 연인
한 번 만나 지나온 얘기나 나눈다면 얼마나 좋을까
이름도 가물가물한데 마지막 헤어지던 장면만은 너무나 선명해

보장된 내일은 존재하지 않으니
오늘이 마지막이라고 생각해야 한다는 걸 그땐 터득하지 못했구나

그래서 더욱더 아름다운 아련한 추억의 연인!

2012. 12. 18

# 깊은 감동

잠결에 들려온
삑 소리에 핸드폰을 열어 보니

할아버지 생신 축하드립니다
찾아뵙지 못해 죄송합니다
외손자 김민재 올림 2/12 12:00 am

76회 생일에
맨 처음으로 받은 축하 메시지

그 어떤 축하의 말
축하 선물보다 깊은 감동을 안겨준

정각에 보내려고
눈을 비비며 참고 기다렸다니

공부가 시원찮아
허구한 날 구박을 받고 있는 처지지만

성적보다 귀중한
따뜻한 마음씨를 보니 장래가 보인다

아마도 기일 첫출발 시각에
제사를 받아 잡수시는 조상님의 감동도 이와 같으리라.

2013. 2. 12

# 여덟째 딸 시집보내며

보낼까 말까
망설이고 망설이다
보낸 여덟째 딸 시집(詩集)을 보냈지

가서 잘 할까
부담이나 주지는 않을까
몸이 성치 않은 딸이라 걱정 또 걱정

아니나 다를까
어찌 그런 어려움을 극복했느냐는
격려의 말들이 줄을 이어 들려왔다

공연히
조용한 호수에 돌을 던져
마음을 산란시킨 듯해 미안하기도 했지만

돌이켜 생각하면
사노라면 크고 작은 고통이 따르는 법
서로서로 공유하는 것도 나쁘지만은 아닌 것 같다

재미있는 것은
어떤 사돈은 며느리 얼굴도 안 본 듯

딸 보내 주어 고맙다는 간단한 문자 메시지 하나

하기야 문자는커녕 묵묵부답인 사돈도 있으니깐.

2013. 1. 20

# 더위 팔기

정월 보름 아침부터 부산하다
재미있는 더위 팔기를 가르쳐 준다고
이집 저집 손자 손녀에게 전화 거는 할머니

더위 팔기는 긴장되는 일
잘못하다가 사는 날이면 억울해
내년에는 반드시 팔리라 다짐해야 했으니

열나흗날 오곡밥에 일곱 가지 묵은 나물 먹고
보름날 아침 부럼 깨고 귀밝이술 먹는 거야 아직도 전해지지만

또렷한 추억으로 남아 있는 건
열나흗날 마당 아홉 번 쓸고 나무 아홉 짐 해야 한다는 부담감
보름날 뒷동산에서 수숫대로 만든 횃불로 달을 향해 절을 하던 일

어린 가장으로서 자부심을 느낀 정월 행사도 있었지
첫 토끼날 아침 일찍 일어나 제일 먼저 대문을 열던 일
첫 원숭이날 부엌에 귀신이 있다 하여 먼저 들어가 솥뚜껑 엎던 일

전통문화가 이어져 나가려면

믿음이 없더라도 관습으로라도 남아 있어야 하는데
우리의 현실은 그렇지 못해 시나브로 사그라지니 안타깝다

더위 팔기는 비교적 간단한 일이니 지속되길 바라면서
잘못해 더위를 샀을 때는 “내 더위 네 더위 맞 더위”
하면 비기고
이름을 부를 때 대답하지 않고 “먼저 더위”하면 팔 수도 있어
좋다
억울해 일 년을 기다리지 않아도 되니 재미있는 놀이다.

2012. 2. 24

# 세간 다이어트

체중 다이어트는
빼기만 하면 즐거운데
참 어렵다 세간 다이어트는

정이 들어서
안온함을 느껴서
뿌듯함을 느껴서
버리기가 아까워서
언젠가 쓸모가 있을 것 같아서

어느 녀석에 물어봐도
끼고 사는 이유를 줄줄 대니
세월이 갈수록 하나하나 늘어날 뿐

가장 좋은 건
공간을 줄여 버리는 건데
작은 집으로 이사를 가야만 되니

기준을 정해 본다
몇 년 쳐다보지 않은 녀석은
눈 딱 감고 바깥으로 내어 밀기로

더 중요한 건
마음속 물욕의 공간이다
이 공간이 줄어들지 않는 한 공염불인 걸.

2012. 3. 21

## 나무는 바보인가

나무는
바보인가 봐

추운 겨울엔
옷을 벌거벗고 찬바람에 덜덜덜 떨다가

더운 여름엔
옷을 겹겹이 껴입고 헉헉 진땀을 흘리니

아니야

나무는
현자일지도 몰라

추운 겨울엔
따뜻한 햇볕 듬뿍 받느라 나목이 되었다가

더운 여름엔
시원한 그늘을 만들어 주려는 속셈이 아닐지

바보처럼 살아야

누구나 좋아하는 현자가 된다는 겐가
어려워 어려워라 어디 흉내인들 내겠나.

2012. 7. 4

# 패션 헤어스타일의 석가

참 멋있다
패션 헤어스타일의
석가여래 고행 두상(頭上)

10여 년 나뒹굴던
소나무 뿌리의 혹 복령(茯笭)인지
줄기에 기생한 혹인지 하나 있어

이리저리 돌려 보다
석가여래 고행 두상인 듯하여
조심조심 찾아내니 참으로 아름다운
패션 헤어스타일의 석가여래가 나투셨다

아마도 저 모습으로
현존하신다면 난리가 났으리
세계 각국에서 패션모델로 모셔 가겠다고

그냥 그대로라면
아궁이 땔감밖에 되지 않을 것이
이리도 훌륭한 부처로 변신할 줄이야

내 손을 들여다본다
서당 개도 3년이면 풍월을 한다는데
30년 취미생활이 이제 겨우 눈을 뜨나 보다.

2012. 8. 6

## 강추위가 오면

강추위가 오면
어머니 생각이 난다

어린 자식 민둥산에 올라
학교 다니며 틈틈이 해 온 나무
아껴 아껴 때시느라 늘 추웠던 시골 겨울

허술한 블록 셋방
밤이면 방에 물이 얼고 벽에 성에가 끼어도
노점 야채상으론 연탄 살돈 부족해 추웠던 서울 겨울
하루 종일 꽁꽁 어신 몸 따뜻이 녹여 줄 화로도 없이

아들이 취직해
겨우 추위를 면할 만 하니까
서둘러 아버지 곁으로 떠나가시니
보일러 시설도 전기장판 전기난로 따스함도 못 누리신 채

양지바른 선산 땅 깊숙이 모셨으니 망정이지
수목장이나 산천에 뿌렸다면 내 어찌 견디었으리
추위만 오면 나 홀로 뜨끈뜨끈한 방에 전기난로까지
할 수만 있으면 산소 안을 뜨겁게 덥혀 드리고 싶어라

강추위가 오면
언제나 죄스러워진다.

2012. 12. 9

# 웃는 얼굴

웃는 얼굴은 태양이어라
웃는 이의 마음은 늘 뜨거워
만나는 이의 마음을 따듯이 밝게 비추네

간혹 비구름이 가린다 해도
구름 저편 태양은 눈물을 모른다네
몸속의 용광로가 꺼지지 않는 한 웃는 얼굴로

어찌 웃음을 멈추랴
네가 좋고 내가 좋은 걸
저승 문턱 밟지 않는 한 삶의 희열 잊을 수야.

2013. 2. 16

# 철쭉꽃 한 그루

어느 해인가
꽃 좋아하는 아내에게 선물한 철쭉꽃 한 그루

제멋대로 자라게
내버려 두었더니 어느새 대청마루를 채웠네

내 생일에
한두 송이 피더니만 오늘 보니 만개하였구나

후미진 산속에
그대로 두었다면 한 골짜기를 환히 밝혔을 걸

더군다나
벌 나비도 없으니 숫처녀 숫총각을 면할 길 없어라

자기 정욕은
주체 못하는 인간이 애완이란 미명으로 나 몰라라 하네.

2012. 2. 20

# 요란한 빈 수레

북상 북상 중
아나운서의 아우성 소리
밤잠 설친 퀭한 눈을 억지로 뜨며

볼라벤 볼라벤
루사나 매미급보다 더 큰
초대형 태풍이 한반도를 강타한다고

미리미리 대비해
피해를 줄이는 건 좋지만
엉뚱하게 불똥이 나한테 튀었다

자식들이
총출동해 출근하지 말라니
아무리 내 예감은 괜찮다 해도

나를 옭아맨
지난해 병력(病歷)이
생전 처음 내 뜻을 꺾고 말았다

차라리 세찬

시원한 바람이라도 불어주지
빈 수레도 하루도 황혼 속으로 사라져 갔다.

2012. 8. 28

# 라일락 향

서재 가득
향기로 품어 버린 라일락

다른 존재는
있는지 없는지 안 보이니

조막만 한
꽃가지 하나가 어찌 그리도

이맘때면
향기에 취해 멈추는 발길

캠퍼스 첫봄
고프고 병든 몸 감싸주던 추억

너무 황홀해
잊지 못하네 그대를 만날 때마다

나 언제나
향기로운 인간 될 수 있을지 부끄러워.

2012. 4. 21

# 추석 밑에 내린 비

간밤에 내린 비
왜 내리나 했더니
조상차례 잘 모시라 목욕재계 시켰구나

티 한 점 없는 비취색 하늘
말끔히 씻어 농익은 녹음을 뽐내는 가로수
아침 햇살에 빤짝빤짝 빛나는 여기저기 빌딩숲
꽉 메워 있던 자동차들을 싹 쓸어버린 넓은 도로

역시 추석이야
달라도 너무나 달라
내린 비의 위력이 이리도 다를 줄이야

풀려지는 듯 풀려지는 듯
족쇄로 헝클어진 마음 시원시원 술술 술술.

2012. 9. 29

# 까치의 분노

깍깍 깍깍 까까 깍깍
분해 분해 아주 분해

해도 해도 너무 해
우리 집을 제 맘대로 헐어 버리다니
우리 부부가 얼마나 땀흘려 지은 집인데

무슨 이유가 있어야 할 것 아니야
크라운 호텔 로고와 벽 사이에 지어
미관상으로나 기술상으로나 아무 지장이 없는데

우리가 먹을 걸 입을 걸 달라 했나
호텔방에 들어가 그릇을 깨길 했나
손님이 온다는 반가운 소식을 알려주면 주었지

업이 들어왔다고 좋아하지는 못할망정
아무리 약자라고 삶의 주거권을 무참히 짓밟다니
요즘 변호사가 넘쳐 난다는데 어느 누구 하나 나서지 않네

깍깍깍 깍깍깍
불쌍타 불쌍타

우리도 우리지만 복을 걷어차 버린 호텔업주도

까까까 까까까
못 봤다 못 봤다
힘없는 놈 깔보고 잘사는 놈 눈 부릅뜨고 찾아봐도.

2012. 10. 7

# 바람이 불면

바람이 불면
나무는 신사답게 꼬박꼬박 화답한다

소소리바람이 불면
나무는 봄맞이 준비를 한다

꽃샘바람이 불면
나무는 꽃망울을 터트리기 시작한다

명주바람이 불면
나무는 연녹색 옷으로 갈아입기 시작한다

높새바람이 불면
나무는 짙푸른 녹색 옷으로 치장한다

강쇠바람이 불면
나무는 울긋불긋한 옷으로 갈아입는다

손돌바람이 불면
나무는 발가벗고 익은 열매 몇 개만 움켜쥔다.

된바람이 불면

오는 눈을 차곡차곡 쌓아 흰옷으로 갈아입는다

나무뿐이랴
사랑바람이 불면
청춘남녀의 눈망울엔 불꽃이 튀고

가슴 찬바람이 불면
늙은이 방 창에는 저승사자 그림자가 어른거린다.

2012. 11. 12

# 가을 하늘

깊게 푸른 가을 하늘이
처량하게 느껴지는 날엔
올라가지 마시구려 높은 옥상엘랑.

2012. 10. 1

# 한냉이의 분노

언제까지 온난(溫暖)이만 읊어 대는지 두고 봐야지
꽁꽁꽁꽁 한냉(寒冷)이의 참맛을 보여 주고 말 거야.

2013. 1. 5

# 신경을 곤두세운 축담

아니야 아니야
우리 식 담은 아니야
거무스름한 장방형 타제석도 처음
기하학적으로 쌓아 올리는 축담법도
이제까지 보지 못한 방법이라 아무래도 왜놈식일 게야

물어보리라 물어봐
어느 나라 돌 어느 나라 쌓기인지
마침 오늘 사람을 만나 물어보니 온양석으로
우리나라 현대식 담이라니 안도의 한숨을 내쉬게 되었다

가뜩이나 요즘 왜놈들
국수주의가 극성을 부려 예전으로 돌아가려는 이때
일본문화원 블록담을 헐어 내고 다시 쌓는 담이 이상해
남의 나라에 있는 문화원 담까지 제나라 식으로 하려나 해서

제 잘못을 끝까지 인정하지 않고
억지를 부리면 부릴수록 신뢰성은 떨어져

어찌 보면 그냥 넘길 일까지도 신경을 건드리니
아무리 속 좁은 섬나라 근성일지라도
너무 심해 화가 난다

누구를 탓해 무엇 하리
하루속히 남북이 자유민주주의 국가로 통일이 되어
힘을 기르고 길러 소갈딱지 없는 놈들 코가 납작하게
짓밟아 주는 수밖에 무슨 달리 뾰쪽한 방법이 있겠는가.

2013. 5. 5

## 지도를 다시 그려라

— 일본 쓰나미(津波)*의 참상을 보며

인구 수만의 도시가
한순간에 쓸려 나가다니 몇 개씩이나

人災야 人災
설마 설마 하다가 불러온

100년 1000년에
한 번 올까 말까 한다 해도

야영객이
물간 자리에 텐트를 치듯

오만이야 오만
달리 무슨 말이 더 필요하리

미리 대비 못한
선진국 첨단 과학국이 무슨 소용

지도를 다시 그려라
살 땅[活地]은 푸른색으로
죽을 땅[死地]은 붉은색으로

반복 말아야
다시는 두 번 다시는
수만의 영령 눈 감을 수 있으리라.

* 일본 쓰나미 : 2011. 3. 11 일본 동북부도시 쎈다이 앞바다 태평양에서 일어난 강도 9의 강진에 의한 파고 15m 쓰나미로 수만 명의 사망자와 수십만 명의 이재민이 발생함.

2011. 3. 24

# 운현궁엘 가면

운현궁엘 가면
강한 기를 받는 듯 활력이 샘솟는다
흥선대원군의 호쾌한 웃음소리가 쟁쟁
우의정 할아버지의 체취가 물씬물씬 풍겨

오피스텔 근처라
오가는 길 그냥 지나치기 싫어
들르면 들를수록 정이 가는 마음의 안식처
시상이 떠오르지 않을 때면 일부러 찾기도 한다

옥에 티라면
근신과 지략으로 고종이 탄생했는데
열리는 행사나 전시품은 대원군이 주체가 아니라
난을 친 작품도 명필의 글씨도 한 점 없으니 아쉬워

주인공은 밀려나고
살아생전 마음고생을 시킨 민중전만 날뛰니
슬프다 슬퍼 집주인은 뒷방 늙은이 신세가 되었네
세상을 주름잡던 대원위 대감의 참모습을 보여 주어야지.

2013. 4. 27

# 가련한 어미 닭

애지중지 낳은 두 개의 알
품은 알 부화시키려 제대로 먹지도 못하는 암탉

21일이 되자 한 개에서는
귀여운 병아리가 나와 삐악삐악 둥지를 나오려는데

어쩐 일인지 다른 한 개는
며칠을 더 품고 품어도 소식이 없어 고민고민

나머지 한 개의 알에 집착 집착하다 보니
암탉의 몸은 쇠약할 대로 쇠약해져 쓰러지기 직전

먼저 태어난 병아리 한 마리는
어미 닭의 보호를 못 받아 솔개의 위험에 노출

모성애가 뭔지 좀 더 깊이깊이 생각했다면
이 지경에 이르지 않고 한 마리라도 잘 기르고
어미 닭도 건강한 생활을 할 수 있으리라 아주 안타까워

세상에는 부화 안 되는 알이 넘쳐 나는데도
자기 새끼에서만 일어나는 일로 생각되는 듯
집착을 버리지 못하는 어미 닭만 나무랄 수도 없는 비애.

2013. 4. 21

# 나도 비질 하늘도 비질

비질을 한다
하루에도 서너 번씩
조각시 떨어지는 불밥을 쓸어담는다

불밥 뿐만 아니라
전생부터 쌓여온 두터운 업장까지도
말끔히 쓸어낸다는 매서운 마음가짐으로

하늘도 비질을 한다
올봄 유난히 하루가 멀다 하고

입에 올리기도 민망한
욕질 욕질 쌍욕질 협박 협박 핵 협박

더럽혀진 허공
상처받은 선량한 사람들의 마음 씻어내 주려는 듯

하늘 하늘이여
세상 어지럽히는 무리 화끈하게 싹 쓸어내 줄 순 없겠나.

2013. 4. 28

## 소피보는 노인

큰 소나무 등걸에
소피를 보네 노인이 쭈그렁이 내놓고

여러 나라 관광객이
소란스런 창덕궁 너른 마당 한복판

깜짝 놀란 경비원
소리소리 지른다 '화장실 여따 놔두고'

지퍼 올리랴 달아나랴
소리까지 질러댄다 '싸겠는 걸 어떻게 해'

곤장 맞는 한국 노인
비명 소리가 들려온다 이 나라 저 나라에서.

2011. 3. 10

# 위기관리

너무나 어처구니없어
설 쇠러 온 30대 초반의 두 형제가
아래층 40대 후반 사내에게 무참히 목숨을 잃다니
그것도 불시의 습격이 아닌 화단에서 말다툼 중에

모기 파리 같은 미물이나
사자 호랑이 같은 맹수까지도
자기 생명 유지를 지상 목표로 삼는데
어쩌다 우리 인간은 먹이사슬의 맨 꼭대기에
안주하다가 위기관리 의식이 이 지경에 이르고 말았다니

살인자야 죽어 마땅하지만
죽은 자의 안타깝고 억울함 또한 누굴 원망하랴
상대방의 살기도 눈치채지 못하고 가벼이 대들다가
자기 목숨 잃고 부모 형제 가족까지 구렁텅이네 몰아넣다니

나는 늘 앉기를 좋아한다
어느 공간에서나 출입문을 바라보며
뒤통수엔 눈이 없으니 불의의 습격에 대비하기 위해
오른손잡이라 좁은 길에선 마주 오는 이를 왼편으로 보낸다

북이 핵을 가지고 있는데

우리가 핵을 갖는 걸 반대하는 얼간이들이나 두 형제나

목숨이 붙어 있는 한
개죽음만은 당하지 않도록 최선의 위기관리를 해야지.

2013. 2. 17

# 두 그림자

나는 하난데
그림자는 둘이다 툴툴이와 명랑이

툴툴이는 늘 불만투성이다

쉽게 쉽게
써 놓은 시는 마음에 안 차고

빨리 빨리
썩은 나무 발려가며 한 조각은 눈에 안 차고

줄여도 줄여도
날마다 체중이 휴전선을 넘어 적진으로 들어간다고

명랑이는 의견이 다르다

고품격이 아닌들
누구나 며칠에 시 한 수씩 쓸 수 있는가

봉투라지 썩은 나무로
누구나 조각품을 만들어 낼 수 있는가

입맛 좋고 건강해
다이어트 하면 노년에 복 받은 게 아니냐고

어느 그림자가
진짜 내 그림자인지 몰라 함께 품고 살자니 늘 시끄럽다.

2013. 3. 3

## 그림의 떡 맛

맛은 있을지
먹어도 될지
탈은 안 날지
언제쯤 먹어야 될지

망설이고 망설이었다
다른 것도 아닌 그림의 떡이다 보니
날씨도 포근하고 컨디션도 좋아 오늘로 결정

그림의 떡 종묘
조심조심 천천히 먹었지
처음 먹어 보는 것이라 호기심도 가득

진짜 떡이나
그림의 떡이나 별반 차이는 없으나
탈날까 꼭꼭 씹느라 시간이 배는 걸렸다

참 신기했다
그림의 떡을 먹을 수 있다는 게
너무너무 좋고 차이도 안 난다고 자랑하다간

고지식한 후손이 읽어 보고

내 제상에 제물을 차리는 대신
잘 차려진 제상에 컬러사진만 놓고 지낼라 걱정된다.

2013. 3. 23 토요일

## 헤아려 본 아버지 임종

운명의 순간
사랑하는 아내도 어린 자식도 없이
누운 집은 살아온 서울 집도 아닌 자라온 고향 집 사랑채
누군가가 꺾어온 탐스러운 진달래 한 아름을 아름답다 찬탄하며
하루만 더 견디면 처자식을 볼 수 있었는데 그 기회마저 앗긴 채

향년 겨우 26세
치료약이 없어 불치병으로 여기던 폐결핵
서울 주치의의 사형선고에 따라 부랴부랴 기차와 가마로
살림살이 정리하느라 늦어지는 아내를 뒤에 남긴 채 내려와

설마 설마 하며
며칠 뒤 허둥지둥 뒤따라온 어머니
대문 밖에 놓여 있는 사잣밥을 보고 털썩 주저앉으니
하루도 거르지 않고 이부자리 깔아 놓고 기다린 삼년상

의외라 깜짝 놀랐다
68세로 돌아가시기 며칠 전에 한 할아버지 말씀
"네 아비야말로 참 잘 살다 갔느니라"
"어째서요?"
"세상에 나와 고등교육도 받아 보고 취직도 해 돈도 벌어 보고
결혼도 해 아들 딸도 낳아 보고 무엇보다도 험한 꼴도 안보고

깨끗이 살다 갔으니 어찌 부러운 삶이 아니겠느냐?"고 하신다

이 말씀을 듣고 나서
나는 더욱더 할아버지 팬이 되었으며
아버지의 삶을 더 이상 불우하게 생각지 않기로 했다.

2013. 5. 1

# 수명 선수 고모

우리 집안 핏줄
수명(壽命) 선수인 고모
매일매일 신기록을 경신한다
올해로 94세는 상상도 못한 일
몸이 쇠약해 마흔을 넘기기 어렵다 했는데

굳이 남녀를 구별한다면
76세인 내가 신기록 보유자
몸이 허약해 병치레가 많았던 것 또한 닮아

지난날 최고 기록은
남녀 모두 68세로 돌아가신 조부모이지

일 년이면 서너 번
찾아가던 녀석이 이년 반이 되도록 못가니까
죽은 걸 눈치 채고 있는데 네놈들이 나를 속인다고 통곡
무리를 해 오늘 들렀더니 울며불며 어찌나 반기는 핏줄인지

귀가 어둡고
말이 어둔해 표현이 잘 안 되지만

정신은 말짱해 판단은 제대로 하시고

잘 먹고 잘 주무신다니 백수기록도 세우리라

골인 지점에 가까울수록 기진맥진해지는
마라톤 선수를 보는 것 같아 마음 아프지만
조금만 더 뛰어 핏줄의 희망을 위해 100은 넘겨주시구려.

2013. 5. 6

# 먹는 걸음마

아장아장
뒤뚱뒤뚱
아기의 걸음마는 귀엽기나 하지

70도 중반을 넘긴 나이에
새삼스레 걸음마를 배우겠다니

그리도 잘 먹던 음식
그리도 소화를 잘 시키던 속이

무엇을 먹을까가 아니고
무엇을 먹어야 소화를 잘 시킬 수 있을까가 문제
음식을 장만하는 이도 모르고 먹는 나도 모르는 수수께끼

예전에 잘 먹던 음식도 아니고
어제 잘 먹었다고 안심할 수도 없어
끼니마다 정신을 집중해 한 걸음 한 걸음 조심조심

맛나면 허겁지겁 꿀꺽꿀꺽 삼키던 습관도
잘게 잘게 음식물이 가루가 되도록 씹고 또 씹으니
병보다 더 무서운 선생님은 이 세상에 없을 듯하다

조심조심 또 조심
이 나이에 걸음마 배우다
넘어져 다치기라도 한다면 아내와 자식을 무슨 낯으로 대하랴.

2013. 7. 2

## 의욕이 사라진 곳에 나뒹구는 의무

TV도 안 본다
신문도 안 본다
독서도 안 한다
조각도 안 한다
시도 쓰지 않는다
음악 감상도 않는다
영화 관람도 않는다
산보도 하지 않는다
누구를 만나는 것도 꺼린다
전화 받기도 걸기도 하지 않는다

지독한 의욕 상실에
해야 한다 해야 한다
웬 의무는 그리도 많은지

먹어야 산다
잘 싸야 산다
과로하지 말아야 산다
내일 걱정은 내일 해도 늦지 않는다
무엇은 먹고 무엇은 먹지 말아야 한다
끼니마다 밥보다 더 많은 약을 먹어야 산다

의욕 잃은 삶이 무슨 의미가 있으며
생명 연장을 위한 의무가 무슨 가치가 있을지

늘 의욕이 너무 넘쳐 과로하던 내가
이런 경험하다니 누구도 큰 소리칠 일이 아니야
누가 알아 돌고 도는 인생 언제 다시 의욕이 불타오를지.

2013. 8. 11

# 오직 전진만

임전무퇴
화랑의 화신인가 후퇴를 모른다

휴전선을 넘어서도
오직 전진만 하는 용감한 군대

보급을 확 줄이고
경고를 하면 전진한 만큼 되돌아와

멈춰 있는 척하다가
또 전진 전진 죽음도 불사한 만용

어느덧 해주도 지나
평양에 입성할 날도 머지않을 듯

압록강까지 진격한 기억 때문인가
옛 고구려 영토에 대한 애착 때문인가

요요현상이 작용하는 듯
예전으로 돌아가려고만 하는 군대

해도 해도 말 안 듣는
체중을 닮아 요즘 아주 골치 아프다.

2013. 4. 17

# 쉰내가 나네

편두통이 괴로워
하루 종일 쉬고 또 쉬었더니

몸에서 쉰내가 쿨쿨 나
샤워를 하고 또 해 보았지만

쉰내는 좀처럼 가실 줄 모르네.

2013. 3. 7

# 양력 선달 그믐의 일

딱 한 가지
우리 집 10대 뉴스를 정하는 일밖에 없다
줄기차게 음력 설차례 지내는 전통을 지키다 보니

아이들이 자라던 시절엔
왁자지껄 활기 넘치는 행사였지
자기 것 빠질세라 눈에 불을 켜고 덤벼들었으니

많기도 많았지
진급이니 재산 장만이니
수석이니 수상이니 합격이니 학생회장이니
도저히 열 개로 안 되면 스무 개도 넘어갔지만
그래도 어떤 애는 하나 넣기도 어려워 울기도 하고

아이들 다 나가면
열 개도 채우지 못하리라 생각했는데
올해도 이럭저럭 스무 개를 채우긴 했지만
어느덧 좋은 일은 팍 줄어들고 언짢은 일은 늘어났네
떠들썩하던 분위기 사라진 자리엔 아내와 단둘이 마주해 앉아

힘들게 정해 놓고 나면 대견하다
살아 숨쉬는 생생한 일 년의 기록

삶의 의미를 새록새록 되새기게 하는 우리 집 역사
수수십 년 해 내려온 행사 아이들이 이어받아 길이길이 남겨지길.

2012. 12. 31

## 여기는 화성이로소이다

눈을 떠 보니
여기는 화성이로소이다

시시각각으로 몰려오는 창자를 에는 통증
마취진통제도 무통제도 이름만 그럴싸해

여기에 묻힌다 해도 무엇이 억울하랴 했지만
주위의 풍경을 보니 너무너무 삭막해

지구에서 날아오는 모든 전파는 차단한다
주마등처럼 스쳐 가는 가족 친지 연인 친구 친구

언제 귀항선이 뜰지 영영 뜨지 않을지
출발한다 해도 이 몸을 이끌고 무사히 돌아갈 수 있을지
막상 지구에 돌아간다 해도 사람 구실을 제대로 할지

아무래도 뼈는 이곳이 아닌 푸른 별에 묻히고 싶다
황량한 화성에서 언제 올지 모르는 자손들의 성묘를 기다리기
보다

부득이 여기에 남는다 해도 무에 그리 안타까우랴

밤이면 지구를 향해 빤짝빤짝 빛나는 아름다운 동경의 별인 걸

이러다 보니 밤샌 눈으로 화성의 찬란한 해를 눈부시게 바라보았다.

2013. 6. 4
가장 큰 개복수술을 한 밤

火星에서 쓴 내 墓碑銘

**어려움 속에서도 삶을 만끽하며**
**살다 간 한 인간이 여기 편히 잠들다**

覺空居士 韓 斗 鉉

1938. 2. 12. 상왕십리에서 西平府院君 13代孫으로 태어나 돌 때 아버지를 여의고 고향인 원주 노숲 南人 士大夫 家門에서 성장하며 어려서 병치레가 심하였다. 6학년 때 6.25를 만나 2년간 진학을 못하고 농사지으며 문제지 한 권을 晝耕夜讀하여 中學國家考試 江原道 次席으로 합격한 후 왕복 40리 길을 걸어 통학하며 농사일까지 해 가면서 首席卒業 하였다. 23:1의 國立交通高 業務科에 합격하여 鐵道業務科目 절반 이상을 修學하며 高 2初 肺結核 발병으로 8시간 就寢과 약물치료를 병행하면서도 首席 卒業하여 서울역 근무확보와 짬짬이 한 대입 준비로 서울工大에 당당히 합격. 대학생활 내내 結核 치료하며 7학기에 全 學點 취득 6개월 일찍 修了와 동시에 就業하였다. 열악한 환경과 10명의 선배가 경쟁하는 염색가공공장에서 어렵게 살아남아 韓國 最高의 技術者로 등장, 錫塔産業勳章 受勳, 技術士 취득, 技術士 試驗出題委員 역임, 株主 3社에서 사장이 파견되는 환경에서 代表理事 社長까지 역임하였다. 은퇴 후 第3의 人生을 시작하여, 한 권의 베스트셀러를 포함한 500쪽 책 5권을 저술한 글지이, 송진덩어리 홍송으로 佛像 110여 점을 조성한 彫刻家, 70에 詩人으로 등단 열 권의 詩集 발간, 약 1,000수의 韓斗鉉 詩 全集을 發行하여 전국 유명 도서관에 배포 예정이다. 平生誓願인 인류의 행복을 가져올 프로부모제도를 시행하기 위한 프로부모財團設立, 이산 저산에 흩어져 流失危機에 놓인 5대조부터 9대조까지의 祖上을 15년간 찾아 神道碑와 10神組墓域을 조성 매년 時祭를 모신다. 생존율 5% 상태의 敗血症을 이겨낸 기적을 이루었으나, 고약한 膵臟癌에 걸려 힘겨운 투쟁을 하고 있다.

20 . . 일 바쁜 삶을 내려놓고 편히 잠들다.

2013. 6. 4 화성에서

火星에서 쓴 아내 墓碑銘

**한 가문을 크게 떨쳐 일으킨**
**현모양처가 남편 곁에 고이 잠들다**

大一華菩薩 辛 貞 鉉

1939. 3. 21. 인천 靈山辛氏 명문 靖憲公派 辛大敎씨와 本貫南陽의 洪乙杓씨 사이에 3남 1녀의 고명딸로 태어나 유복한 가정에서 고이고이 자랐다. 6.25때 고향에서 수학 시 中學國家考試 忠淸南道 次席. 인천여고 졸업과 梨花女大 藥大 無試驗入學 후 藥師資格을 取得하였다. 아버지의 善隣商業同期同窓인 장인어른의 중매로 연을 맺어 가난한 집안에 시집온 후 勤儉節約과 熱情으로 財産을 일구며 긍정적이고 상냥한 성격이 불같은 호랑이 성격의 나를 醇化시켜 短命한 집안의 惡名을 면하게 하였다. 새색시 때 시어머니 돌아가신 후 집안에 궤연을 모시고 朝夕上食이며 초하루, 보름 朔望茶禮며 卒哭, 小喪, 大喪을 성심껏 모시고, 매년 돌아오는 忌祭祀와 차례에도 정성을 다하니 타의 龜鑑이 되어 仁川女高 100周年 기념행사에서는 賢母良妻의 자랑스러운 同門으로 선정되는 榮譽를 얻었다. 슬하의 2남 2녀를 잘 길러 모두 명문대를 나왔으니, 장남 순구는 서울대 경제학과와 하버드대 경제학박사 취득 후 현재 연세대 교수, 차남 준구는 서울대 물리학과와 서울공대 전기공학박사 취득 후 듀크대 박사 후 연구원, 현재 경북대 교수, 장녀 혜선은 이대 교육심리학과 졸업 후 현재 프로부모, 차녀 지영은 서울대 법학과와 서울대 법학박사, 뉴욕대(NYU) 졸업과 뉴욕주 변호사 취득 후 현재 아주대 로스쿨 교수로 각각 맡은 분야에서 성실히 살아가고 있다. 나의 은퇴 후에도 가정사를 도맡아 처리하여 내가 글지이, 조각가, 시인으로 활발히 활동하도록 內助를 아끼지 않았다. 이제 편한 노후를 보냈으면 좋으련만 2년 전 내가 큰 병을 얻은 후 계속되는 큰 병마로 너무나 고생이 많아 안타깝다. 내가 먼저 가면 프로부모財團運營까지 떠맡게 되니 할 말이 없다. 점점 살기 좋아지는 세상 오래오래 살면서 자손들의 영화를 누리다가 고통 없이 내 곁으로 와주기를 바라는 마음 간절하다.

20 . . 일 고단픈 손을 편히 쉬며 잠들나. 2013. 6. 4. 화성에서

## 어리석은 동창회

정부 조직도 아니고
권력 조직은 더더욱 아닌 동창회

무슨 거창한 조직이 필요해 만들어 놓고
총동창회에 얼마 동기회에 얼마 기금을 거둬들인다
자선사업을 하는 것도 아니고 정치자금을 조성하는 것도 아니면서

책임을 진 사람은 스트레스가 이만저만이 아니지
할당금을 왜 안 내느냐 참석율이 왜 그리 나쁘냐
누구를 위한 동창횐데 상대방을 헐뜯기나 한다면 왜 만나야 하나

헐뜯는다고 안 갈 사람이 가는 것도 아니고
가고 싶은 사람들이 모여 즐기는 게 참다운 동창회인데
오죽하면 목에 힘주는 놈이 회장이 되면 참석율이 뚝 떨어진다나

거기까지 가서 스트레스 받고 싶은 사람 있을 리 없으니
잘 안 모이면 원인을 분석해서 잘못된 점을 고치면 될 일이고
비용은 참가비를 받아 해결하는 게 떳떳해 좋은 거란 걸 왜 몰라

국민의 4대 의무도 요리조리 피하는 세상에
동창회가 뭐 그리 대단하다고 책임을 지우고 의무를 다하라니

얼마나 어리석은 동창회란 말인가 개가 웃고 소가 웃을 일이지

한 번 참석해 기분 나쁘면 발 딱 끊는 게 사람 심리인데
무엇이 아쉬워 스트레스나 주는 정신 나간 동창회엘 가겠는가.

2013. 3. 28

## 친구여

떠나다니 떠나다니
한마디 말도 없이 떠나다니

아무래도 예감이 이상해
운명하던 전날 전화를 걸었지
중환자실에서 혼수상태라 해 면회도 망설였더니만

오뚝이가 쓰러지다니
너덧 가지 암을 끼고 십여 년을 살아오면서도
남의 병 얘기하듯 밝고 명랑해 수많은 환자들에 귀감이 되었는데

돌이켜 보면 철도청에 남은 친구 중에 가장 인연이 깊었지
친구들 경조사에 빠짐없이 나와 즐겁게 얘기를 나눈 추억도
서울대 병원을 다니면서 창경궁 종묘에서 여러 번 만난 즐거움도

김주석 선생님이 편찮으시면서 자주 만나 걱정을 나눈 기억도
내가 중병으로 입원했을 때 병문안도 미당상 수상식에도 와 주고
담소회 모임엔 통원 치료하는 날 아니면 꼭 참석해 분위기 조성도

그런데 그런데 말이야
하필이면 친기(親忌)가 내일 모레라 죄송해 죄송해

아픈 다리를 끌고서라도 반드시 마지막 길을 배웅해야 했는데

혼자 떠나는 길 외롭고 쓸쓸하겠지만
아무쪼록 극락왕생해 무한한 복록을 누리시게나
이승에서 못다 한 쾌활한 웃음과 떠들썩한 얘기도 더 나누며.

2013. 4. 10
친구 김선구 영전에 中里 드림

# 꿈같은 임종

어머니 기일(忌日)을 맞으면 새록새록 생각나

자식은 물론 일가친척들이 온 집안에 진을 쳤다
오늘 저녁을 넘기시기 어렵겠다는 왕진을 다녀간 의사의 말에

언제 숨이 멈출지 몰라 방 안 가득한 눈초리를 받으며
링거나 산소호흡기 하나 걸치지 않고 요 위에 누우신 어머니
6개월 암 투병으로 야윌 대로 야윈 채 가랑가랑 가래만 끓었다

새벽 3시쯤 숨소리가 멈췄다 이어지기를 반복하자
고모님이 나에게 눈짓을 해 캐비닛 위에 준비해 둔 옷을 내리는데 깜짝 놀랐다
"이 녀석아 너무 서두르지 마라" 하시니 엉겁결에 "예"

말씀을 드릴까 말까 갈등하는 중에 당한 일이라 더욱
"대학병원에서 치료를 거부한 암이라 입원도 못 시켜 드렸노라"
변명은 되겠지만 외할머니 어머니로 이어진 병력 자식 걱정하실라

어렵게 어렵게 구한 모르핀주사만은 넉넉히 구해 통증만 완화
참자 참자 섭섭한 마음 있으신 게 자식 걱정보다 나을 것 같아
드디어 동틀 무렵 방 안 가득 마루까지 꽉 찬 사람들의 관심 속에

헛소리 한마디 오줌 한 방울 지리지 않으신 채 맑고 맑은 정신
자식은 물론 수많은 친인척들의 관심을 받으며 저녁노을처럼 승화
노력한다고 될 일이 아닌 축복받은 꿈같은 임종이라 부럽기까지 한

깨끗한 삶이 꿈같은 임종으로 마감되는 건 아닐는지.

2013. 4. 13
어머니 기일 44주기에

## 옹달샘에 푹 빠진 늑대

목이 몹시 타서였나
옹달샘 물맛에 매료된 늑대
떠날 생각을 않고 몰래 숨어 샘만 바라본다

숲이 우거져
인적이 끊긴 지 오래인 깊은 산속
누구도 넘보지 못하는 늑대의 왕국이라

물 마시러 오는
토끼나 노루나 고라니나……를
입맛 따라 골라골라 잡아먹는 횡재까지 겹치니

나이가 들어도 들어도
마를 줄 모르고 샘솟는 옹달샘은
늑대와 궁합이 너무도 잘 맞는 연인이 되어
혹 마를까 해서 하루가 멀다 발로 후벼 판다

뗄래야 뗄 수 없는
늑대와 옹달샘의 끈질긴 인연
날이 갈수록 더욱더 깊어만 가는데

너만 있으면 돼 너만 있으면 돼

물아 마르지 말아 다오 물아 마르지 말아 다오
밤이면 북두칠성을 바라보며 울부짖으며 기도하는 늑대.

2013. 5. 4

# 무르기 가르침

깨우침의 악몽
고교 시절 동대문시장
막바지 하나 사다 벌어진

돌고 또 돈다
바늘 한 쌈 사더라도
시장 구석구석 미련 없애려

살 때는
싹싹하던 좌판 아줌마
무르려니 사나운 맹수로 돌변

고래고래 욕을
하다하다 모자라
갖은 악담까지 서슴지 않아

개시도
입어 본 것도
30분이 지난 것도 아닌데

돌이켜 보면
은인 중 은인이야

무르기도 충동구매도 평생 없애준

밥 한 끼
진정 사고 싶네
만날 수만 있다면 허허허 웃으며.

2009. 12. 7

# 뒤돌아보는 관람자

비너스 조각상이 걸어간다
하늘하늘 봄 치마를 흔들며
매끈히 쏙 빠진 다리에 잘록한 허리
명품 하나 걸치지 않았건만 넓은 길이 환하다

마주치는 수컷들이
뒤돌아보고 또 뒤돌아보니
얼굴도 미인인 게 틀림없으리라
이상한 건 젊은이보다 늙은이가 더욱 더하다

아마도 늙은이가
심미안이 더 발달해서이리라
아니면 요즘 젊은이들의 정력이 떨어진 건지
나이가 들수록 하늘에 반짝이는 별처럼 느껴지는 건지.

2013. 4. 29

# 앞가림

누가 멀리
떠났다는 소식 들으면

가장 먼저
떠오르는 게 앞가림이다

마음이 씁쓸하다
제 앞가림 못한 이가 너무 많아

기나긴 세월
주위에 짐이 되어 얹혀 산 삶

한숨과 눈물 빼놓고도
마지막 걸린 사진만은 멀쩡해

가는 마당에
누구도 타내려 하지 않으니

아마도 저 친구
조문을 다니며 너무 일찍 터득한 모양.

2010. 7. 15

# 도살장인지 도생장인지

원기 왕성해
펄떡펄떡 뛰는 놈을 끌고 가

도살장(屠殺場)인지 도생장(屠生場)으로
배를 가른다 이 장기 저 장기를 잘라 낸다

반쯤 죽여 놓고
명의 소리를 듣는 첨단의학의 아이러니

삶이 고행이라지만
부처를 만들 것도 아니라면 너무 가지가지

받아들여 승화시키면
어느 날 몰록 깨달을 날 있을지 누가 알리

내 택한 길이
험하고 험난한 게 내 지은 업보인 걸

한 걸음 한 걸음
조심조심 걸어가자 길섶에 핀 꽃을 즐기며

얼마나 날뛰었기에
가는 길이 나를 순한 양으로 길들이려 하네.

2013. 6. 2

# 내 영구차는 내가 몰고 싶다

누구의 호출을 받고
헐레벌떡 달려가기도 싫고

누구의 손에 잡히어
강제로 끌려가기는 더더욱 싫다

그렇다고 신장들의 호위를 받으며
말을 타고 위풍당당하게 가기도 싫다

이승을 떠나면서
어느 누구의 간섭도 받기 싫은 거야

가고 싶을 때
자유롭게 훌훌 떠나면 되는 게지

영구차 역시
운전자의 마음대로 가는 게 싫다

내가 운전을 하면서
정든 곳 정든 사람 두루두루 만나 회포도 풀고

몇 날 몇 달이 걸린다 해도

80평생을 하직하는데 무에 그리 대수겠는가

떠나야지 하는 마음이 들 때
홀가분한 기분으로 내 영구차를 내가 몰고 가고 싶다.

2013. 8. 8

# 제3의 DNA

품격 있는
내로라하는 광주(光州) 토박이 한정식 집
임원 회식 자리에서 처음 접한 삭힌 홍어찜

다들 머리를 절레절레
나만은 그 맛에 완전히 끌려 들어가다니
아마도 저 친구 호적을 바꾼 거 아니냐는 눈초리

아무튼 이리 맺은 인연으로
이 맛의 고향인 목포까지 원정도 수차례
한동안 쉽게 드나들 수 있는 집을 찾느라 이리저리 헤맸지

아무리 족보를 뒤져 봐도
전주 이씨인 어머니 할머니 말고는
더군다나 남도의 피라고는 한 방울도 섞이지 않았으니

몇 번 먹으면서 그 맛에 끌려 들어간다는데
아무래도 혈통의 DNA만으로는 부족한가 봐
전생에서 물려받은 제3의 DNA로 설명하지 않고선

살다 보면
혈통만으로는 이해가 안가는 일이 많아
제3의 DNA 존재를 절실히 실감하게 된다.

2013. 3. 17

# 목련 2

무슨 사연 있어
하늘에서 내려온
선녀의 화신이련가

순백이 좋아
순백이 좋아서인지

하늘 소식이 그리워
하늘 소식이 그리워서인지

겨우내
가지 끝마다
흰 눈꽃송이 고이고이 이고 살더니

지난밤
바람에 날려 왔나

가지마다
사뿐히 내려앉은
은하수 편지 읽느라 눈이 빤짝빤짝이네.

2013. 3. 31

## 늦둥이 철쭉을 바라보며

키다리 목련이
찬 눈을 맞아 가며 일찍 피어 떨어질 무렵

중키의 라일락이
제 세상 만난 듯 짙은 향 뿜어내더니

짤막한 꼬마 철쭉
늦게 아주 늦게 피어나 귀여움을 독차지

고궁이나 도로변 친구들
다 풀이 죽어 추한 몰골 되었는데

피려나 안 피고 말려나
걱정 걱정 싹 씻어내고 활짝 피어
출퇴근길에 발길을 멈추게 하는 너

꽃은 참 신통하다
한날한시에 봄을 맞이했건만
어느 녀석은 일찍 어느 녀석은 늦게라도 꼭 피어나니

아이들도 널 닮으면 얼마나 좋으랴

늦게 되는 아이 둔 부모 희망에 찬 나날을 보낼 수 있게
혹 인간의 욕심이 늦게 피는 꽃을 알아차리지 못하는 건 아닐는지.

2013. 5. 14

# 물이 넘친다는 수유리

내 전생은 고래였나
물과 궁합이 너무나 잘 맞아

궁녀들이 몰려와
빨래를 하고 수다를 떨던 빨래골 부근

맑은 냇물이
흐르는 화계사 계곡에 자리 잡고 나서

삶이 풍요로워지고
자식들 잘 자라고 하는 일마다 순조로웠지

내 직업 또한
물이 98%라는 染으로 젊음을 불사를만 했지

젖을 먹인다는 뜻도 지닌 수유리
근 반백년을 살아오면서 고향보다 더 정이 들어

문제는 새로 정한 주소야
화계로나 수유리로로 할 일이지 덕릉로가 뭐야

듣도 보도 못 한 임금도 아닌

수유리에서 멀리 떨어져 있는 선조 아버지 묘라니

물고기가 물을 떠나 살 수 있나
수유리 수유리에 살면서 주소도 수유리로 써야지.

2013. 3. 5

# 키다리 목련

일층 점포와
주택 사이에 서 있는 우리 집 목련
주인 집 DNA를 닮았는지 쭉쭉 뻗어 올라가

어찌나 키가 큰지
나무 꼭대기는 삼층을 뛰어넘어
마루는 물론 마당에 나가도 굵은 등걸만 보인다

흐드러지게 핀 꽃을 보려면
밤하늘의 북두칠성을 바라보듯
머리를 하늘로 치켜들고 쳐다보아야 하니

우리 집 목련인지 동네방네 목련인지
별반 보시도 못하고 사는 주인이 부끄러웠나
오가는 사람 눈요기나 시켜 주려는 것같아 신통하기도

만나는 사람 사람
웬 목련이 저리도 탐스럽게 피었다요
인사라도 받게 되면 좋은 일이나 한 듯 어깨가 으쓱으쓱.

2013. 4. 11

# 벚꽃에 몸을 실어

펄 펄 펄
벚꽃이 날린다 바람에 바람에

몸을 솟구쳐
꽃잎에 실려 훨훨 날으고 날라

저 멀리
빼끔히 열린 연인의 창문으로 빨려 들어가

사뿐히 내려 앉아
온 방 안 가득 핑크색 추억으로 채우고 싶어.

2014. 4. 4

# 까치에게 밥을 준다

흰 바지에 감색 가운을 입은
멋쟁이라서 그런 것만은 아니다

아무도 찾아오지 않는 13층 베란다에
수시로 들러 깍깍깍 인사를 하기 때문만은 아니다

금실 좋은 부부가 제 몸의 수십 배가 되는
커다란 집을 짓는 걸 몇 번씩 봤기 때문만은 아니다

무엇보다도 무엇보다도
저 작은 몸집으로 머나먼 은하수까지 날아가

칠월 칠석날 사랑하는 남녀가 만날 수 있게
아무 것도 바라지 않고 오작교를 놓아 주기 때문이다

까치밥을 주리라 까치밥을
그대가 오작교를 놓는 한 내 목숨이 붙어 있는 한 쉼 없이.

2015. 2. 27

# 전어(錢魚)야

착한 전어야
머리서 발끝까지 몽땅 먹어도
거친 뼈 하나 없고 머리에 있는 차돌뼈까지 빼버렸으니

가시가 목에 걸릴라
차돌뼈가 이를 부러뜨릴라
다른 생선을 먹을 때 조심조심하는 게 필요 없으니

지난해 널 만나기 전까지만 해도
너에 대한 선입견은 좋지만은 않았지
전어라 해서 전쟁을 도맡아 하는 사나운 전어(戰魚)로 상상

이런 줄 알았다면 진작 만날 걸
그대는 머지않아 부처가 되기 위한 과정을 밟고 있는 게야
석가모니가 전생에 수많은 살신공양(殺身供養)을 했듯이

곰곰이 생각에 잠긴다 먹으면서도
내가 그대의 공양을 받을 자격이 있는지
성불하시게나 성불하시게나 뒤돌아보지 말고 어서 빨리.

2015. 2. 18

# 춘당지 잉어의 생각

요즈음
심심치가 않아
빙빙 돌아가며 인간 구경하다 보니

인간들
지껄이는 소리 듣다 보면
왜 그리들 사는지 연민의 정을 느껴

툭하면
대지진에 건물이 무너져
수만 명씩 생매장을 했다 하질 않나

툭하면
배가 물속으로 빠져
수많은 사람이 목숨을 잃었다 하질 않나

툭하면
비행기가 떨어져
수백 명씩 저 세상으로 떠났다 하질 않나

툭하면
가족들과 헤어져

쓸쓸히 벤치에 앉아 눈물을 흘리질 않나

우릴 봐
부모 형제자식 함께 살지
무너질 건물도 침몰할 배도 떨어질 비행기도 없지

아무래도
다시 태어난다 해도
인간으로 태어난다는 건 심사숙고해야 할 일이야.

2010. 4. 22

# 파도의 끝자락에 서면

스크럼 짠
데모군중 쏜살같이 밀어닥친다
숨 돌릴 틈도 주지 않고 연달아

금시라도
집어삼킬 듯 당당한 기세로
해외 원정나선 적군처럼 눈 부릅뜬 채

외치는 소리
문을 활짝 열어라 어서어서
옛것일랑 버리고 새것을 받아들여라

두려워 마라
수수만년 부대끼고 고막이 터진다 해도
안방까지 내어 주면 남는 것 없어라 없어

조금씩 조금씩
차근차근 버려라 변화하라
바닷가 조각 바위처럼 아름답게 자존심 지켜 가며.

2009. 8. 29

# 잔디의 자존심

그늘이 싫어
누구의 그늘도 싫어
날 그냥 그냥 내버려 두어

타 죽을까 봐
밟혀 죽을까 봐
걱정한다면 나를 너무 모르는 거야

작디작지만
태양은 둘도 없는 귀한 친구
누가 밟으면 밟을수록 더욱 힘이 샘솟는 걸

따뜻한 보호도
근심 어린 동정도 다 필요 없어
그늘 속에 숨어드는 마마보이와는 차원이 다르지.

2009. 11. 2

# 준엄한 시선과 경외의 자연

## – 제6시집 ≪징검다리≫를 중심으로

인천대 명예교수 오 양 호
〈문학평론가 · 前 인천대 인문대학장 · 문학박사〉

중리(中里) 한두현 시인의 왕성한 필력에 감탄하지 않을 수 없다. 1938년생으로 일흔을 맞이한 2007년에 시인으로 다시 태어난 중리 선생은 그해 2월 첫 시집 『인연』을 출간한 이후 2010년 12월 현재까지 만 4년 동안 모두 여섯 권의 시집을 상재하였다. 이번 시집 『징검다리』는 그 여섯 권째의 시집인데 제6시집에 국한하지 않고, 제1시집에서 제5시집 가운데에서 가려 뽑은 시까지 포함시켜 해설을 하고자 하므로, 이 해설은 한두현 시인의 시세계 전반에 대한 언급이 될 것이다.

중리의 전반적인 시세계를 다루는 마당에 먼저 언급해야 할 것은 제4시집 『마중물』과 제5시집 『몽당연필』의 해설을 쓴 이수화 시인의 견해이다. 시집에 실린 해설의 제목이 각각 「한두현 시의 해학과 풍자성」, 「한두현 풍자시학의 진화론」으로 되어 있다. 요약하자면 이수화 시인은 중리의 시세계를 '골계와 해학을 기조로 하는 풍자문학' 이라고 평가하였다. 이 평가는 한두현 시인의 시세계의 한 두드러진 면모를 잘 갈파한 것이어서 주목된다. 그러나 풍자시학, 풍자문학이라는 명명만으로는 중리의 시세계를 다 포괄할 수 없다는 것이 필자의 생각이다. 일반적으로 '풍자' 라는 것이 이수화 시인도 언급한 바와 같이 "동시대 사회의 부조리 · 불합리 · 악습 등과 개인의 우행 · 위선 · 결함 등을 지적해 조소함으로써 일종의 골계적 효과를 거두는 것"이라고 한다면, 한두현 시인의 작품 가운데 위의 풍자문학, 풍자시의 범주에 들어갈 작품은 그렇게 많지 않다는 것이 필자의 판단이다. 오히려 한두현 시인의 작품들은 제반 인간사와 세상사에 대하여 따뜻한 포용의 시선으로 바라보고 있는 경우가 대부분이다. 다음 작품을 보자.

먼 옛날
하늘나라 까막까치 날아와

너와 나 사이
갈라놓은 은하수 이어 준 오작교

징검다리
이름도 아름다워라 인연의 연결고리

동글동글 빤짝빤짝
흐르는 물 가운데 홀로 외로이 서

기나긴 장마
거친 물살도 온몸으로 막아 주었지

따뜻한 봄이면

밤낮으로 노닐던 즐거운 추억

차가운 겨울이면
미끌미끌 깜짝깜짝 놀란 세월

두터운 사진첩 속
그대 빠진 그림 한 장도 찾을 수 없네

징검다리여!
별똥별일랑 되지 말아 다오 살아 보기 어려워라.

이 시집의 표제작 「징검다리」 전문이다. 매우 서정적이고 차분한 어조로 "아름다운 인연"과 "추억"을 이어 주는 "징검다리"를 묘사하고 있다. 견우와 직녀 이야기에 등장하는 오작교 전설을 차용하여 쓴 위의 작품에서 주목하는 것은 두 사람의 인연을 이어 주는 '징검다리'이다. 이 표제작 한 편으로 시집 전체, 또는 시세계 전반을 아우르지는 못하지만, 한두현 시인이 시를 통해 다가가고자 하는 세계가 어느 곳인가는 분명히 보여 주고 있다고 생각된다. "기나긴 장마/ 거친 물살"과 같은 삶의 순간순간에 "온몸으로" 그것들을 막아주던 "인연의 연결고리"와 "따뜻한 봄이면/ 밤낮으로 노닐던 즐거운 추억"을 노래하리라는 것, 그것이 시인이 시를 통해 보여 주고, 다가가고자 하는 따뜻한 세상일 것이다. 실제로 시인은 제3시집 『서원의 길』에 실린 「글지이로 다시 태어난 인생」에서 시를 쓴다는 것에 대해 다음과 같이 밝힌 바 있다.

글쓰기 문외한
문예반 근처 얼씬도 않은 학창 시절

한 줄의 투고 경험도 없이 회갑 맞은

남기고 싶은 체험담
노하우 묻어 두기 아까워
읽거나 말거나 심정으로 쓰기 시작한 글

…… (중략) ……

내친김에 시인으로 등단
취미 삼아 쓰고 싶을 때 써야지, 부담 없이

일기처럼.

아마 '글지이'는 '글짓기'를 뜻하는 우리말 고어 '글지ㅿㅣ'에서 가져온 말인 듯싶다. 중세어를 현대어로 살려 쓴 '글지이'라는 말은 '글을 짓는다'는 행위와 '글을 짓은 이'라는 뜻을 두루 포괄하고 있다고 생각한다. 인용한 시에 나타난 바, 시인은 자신이 글을 쓰게 된 동기가 "남기고 싶은 체험담"과 '묻어 두기 아까운 노하우' 때문이라고 한다. 실제로 한두현 시인은 시인으로 등단하기 이전에 이미 자신의 체험적 자녀교육 방법론을 담은 『자식을 부모의 팬으로 만들어라』와 『자식에게 무엇을 가르쳐 세상에 내보낼 것인가』라는 저서를 낸 바 있다. 이 책들은 자녀를 둔 부모들에게 널리 회자되면서 스테디셀러가 되었다. 그런가 하면 시인은 『자식을 우리 옛이야기로 길러라』(①, ②)라는 책을 엮어낸 저술가이기도 하다. 이와 같이 자신의 체험과 노하우를 기록하는 데서 시작된 글쓰기는 "내친김에 시인으로 등단"하게 되었고, "부담없이" "취미 삼아 쓰고 싶을 때" "일기처럼" 쓰게 되었다는 것이다. 글쓰는 행위에 대한 시인의 생각이 이러할진대, 그의 시가 항상 대면하고 있는 것은 자신이 살아가면서 겪는 '지금' '이곳' 에서의 '삶' 인 것이다. "일기처럼" 그의 시는 일상 속에서 솟아난다.

딴 천 대고 깁누볐지
버리자니 너무 정들어 아쉽고 입자니 다른 방도 없어

아주 훌륭해
기운 바지면 어떤가 몸과 마음이 편하면 되는 게지

그대 보고 깨우쳤다네
기운 수명이 이리도 멋지게 이어 갈 수 있음을
—「깁누빈 바지」 일부

아주
심하지만 않게시리
언제고 다시 찾아올 양이면

그대
허약한 노인 어린이는 못 본 척 하렴.
—「감기」 일부

걸을 수 있는
두 다리에 호기심
교통카드 한 장이면 어디라도 갈 수 있어

한평생의 서울인데
안 가 본 곳 못 본 풍경 많기도 해

아무거나 타고 아무데나 내려도 새롭다

–「즐거운 미니여행」 일부

그의 시집에는 잔잔한 일상의 풍경들이 펼쳐진다. 「깁누빈 바지」는 "7년 여름" 동안 입었던 "얇고 가벼운 캐시미어 맞춤복"의 "밑이 터져" "깁누벼" 입었다는 이야기를 다루고 있다. 이 시는 검소함을 드러내거나 절약을 이야기하려는 시가 아니다. 잔잔한 일상의 이야기를 통해 시인이 드러내고자 하는 바는 "기운 수명도 이리도 멋지게 이어 갈 수 있"다는 "깨우침"이다. 「감기」는 "내 집 찾아온 올겨울 첫 손님"인 "감기"를 대하는 태도를 서술한 작품이다. 나에게는 "이왕" 찾아왔으니 "며칠 잘 먹고 잘 놀다 가"라는 것인데, "허약한 노인 어린이는 못 본 척" 해달라는 주문이 따뜻한 마음이 이 시를 훈훈하게 한다. 그런가 하면, 「즐거운 미니여행」은 "칫솔 치약" 등을 챙기지 않아도 좋고, "마부도 시종도 필요치 않는" 홀가분한 "미니 여행"의 즐거움을 묘사한다. "교통카드 한 장이면 어디"든 갈 수 있는 즐거움, "막걸리 한 잔 걸치고/ 터덜터덜 돌아"오는 "여행의 흡족함"을 진솔하게 드러낸다.

이와 같이 한두현 시인의 많은 작품들이 소소한 일상의 행복과 즐거움을 드러낸다. 시인의 둘째 딸이 결혼 십년 만에 낳은 딸을 보면서 쓴 「갓난아기 얼굴」이나, "시집가면 죽고 못 사는 사이"가 되는 모녀간의 "끈끈한 정"을 노래한 「모녀 궁둥이」도 가족들과의 일상생활 속에서 솟아난 작품들이다. 그것은 시인의 순수하고 욕심 없는 생활태도에서 온다고 할 수 있을 것이다.

그런 일상생활 가운데 시인이 확고한 신념으로 지켜 가는 가풍이 있다. 그것은 '숭조(崇祖)' 의 정신이라 부를 만한 것이다. 이 시인의 작품 중 「흐뭇한 제사」, 「즐거운 제사」, 「시월상달 시향제」,

「알밤 줍는 마음」 등에서 그것을 확인할 수 있다. 「흐뭇한 제사」에서 향을 피우고 제사를 지내는 집안은 "신과 사람이 만나는 성스러운 공간"으로 묘사된다. 특히 "두 돌 지난 증손자가 고사리 손"으로 잔을 올리는 광경은 돌아가신 부모님에게도 제사를 올리는 자신에도 모두 "흡족"한 광경이다. 「즐거운 제사」에서도 제사를 지내며 "늙은 자식도 동심"으로 돌아간다는 것에 즐거워한다. 시인의 집안에서 이와 같은 '즐거운 제사'를 지켜 나갈 수 있었던 것은 시인의 확고한 신념과 철저한 가정교육이 밑바탕이 되었기 때문이다. 제3시집에 실린 시 「온몸으로 지켜낸 집안종교」에 보면, 조상제사 모시는 집안종교를 지키기 위해 각고의 주의를 기울여 온 내력을 알 수 있다. "집안종교" "지켜내기"가 "홍수에 무너지려는 둑만큼"이나 어려운 시대에 "이단자 단 한 명도 없이 정성껏 조상제사 모시"게 된 배경에는 "자식 아주 어릴 적부터 숭고한 사명을 띤 성직자 되어" "설법 또 설법"을 해 온 시인의 노력이 있었던 것이다.

"시로 쓴 자서전"이라는 타이틀을 달고 있는 제3시집의 제6부의 제목은 "조상숭배"이다. 여기에 수록된 「숭조(崇祖) 빌딩」이라는 작품을 보면, '대대로 조상 제사를 모시기 위한 재원과 장소를 제공'할 목적으로 빌딩까지 마련해 둔 치밀함을 볼 수 있다. 오늘날의 시대에 '조상제사'에 대한 강조는 자칫 고리타분한 '옛것'으로 간주하고 기피하려는 경향이 있다. 시인은 제5시집 『몽당연필』에 실린 「다종교 사회 속 호강」에서 "얄팍한 잇속" 대로 살아가는 현대인들의 신앙풍속을 신랄하게 비판하고 있다.

> 유교집안 제사 지내기 싫으면
> 눈 딱 감고 예배당엘 나가면 되고

예배당에 십일조 내기 아까우면
날 살려라 도망쳐 뛰쳐나오면 되고

조상 산소의 벌초 성묘 귀찮으면
불교에 입문해 파내서 훌훌 뿌리면 되고

…… (중략) ……

빙글빙글 잘도 돌아간다
얄팍한 잇속 찾아 살기 편한 다종교 사회.

시인이 "기틀 마련하여" '산소와 제사를 지키려' 는 것은 "조상의 안락 속에서" 비로소 "행복"(「숭조빌딩」)을 찾을 수 있기 때문이다. 그리고 그것은 "씨를 뿌리고 싹을 틔워/ 버림받는 아이가 없는 세상을 꼭 만들"고자 하는 시인의 굳건한 "서원(誓願)"(「생명보다 귀중한 서원」) 의지와 관련된다. 인용한 「다종교 사회 속 호강」에서 읽을 수 있는 것처럼 시인의 비판의식이 확고하게 드러나는 것은 대부분 현실 세태를 제재로 한 작품들이다.

막상 막상
국민장 영결식이 거행되던 날

…… (중략) ……

달아 맬
조기 한 마리도 아까운 마음의 불황.

－「조기」 일부

어찌나 징그럽던지
그 소릴 듣고는 똑바로 바라볼 수가 없어 무지렁이 인간들을

누가 누굴 징그럽다 하는 건지 원 참!
—「지렁이」 일부

옆집 망나니 아들
제 어미를 학대하면서도 멀쩡하니
견권이 인권을 능가하는 시대인 게야
—「견권만만세(犬權萬萬歲)」 일부

부조리한 현실 세태를 비판하고 조소한다는 점에서 풍자시의 몫을 하는 작품들의 일부이다. 전직 대통령의 국민장이 엄수되던 2009년 5월에 쓴 「조기」는 '弔旗'와 생선인 '조기'가 동음이의어임을 활용하여 '경제적 불황'을 넘어 "마음의 불황", 나아가 우리 사회의 '정신적 불황'을 고발하고 있는 작품이다. 「지렁이」는 안양의 두 어린이 유괴사건을 보면서 '지렁이'만도 못한 "무지렁이" 인간, 나아가 '짐승만도 못한' 인간세태를 '지렁이'의 목소리를 빌려 개탄하는 작품이다. 「견권만만세」도 '동물을 학대하면 1년 이하의 징역이나 1,000만 원 이하의 벌금형에 처한다'는 뉴스를 보면서 우리 사회의 인권이, 속칭 '개만도 못하다'는 준엄한 꾸지람을 해학적으로 표현하고 있다.

앞에서 언급했던 바, 이수화 시인이 중리의 시세계를 가리켜 '풍자시학'이라고 평가한 점은 이와 같은 작품들을 대할 때 공감할 수 있는 평가이다. 우리 문학사에서 오랫동안 이어져 온 풍자양식으로서의 조소, 해학, 골계의 기법이 한두현 시인의 작품에서도 발견되기 때문이다. 그러나 현실세태를 다루는 중리의 작품이 모

두 풍자의 양식을 취하는 것은 아니다. 예컨대, 자식의 유학을 위해 자식과 아내를 해외로 보낸 뒤 자기 자신은 국내에 남아 돈을 벌어 보내는 현상을 문제 삼고 있는 「기러기 아빠」를 보면, "말이 좋아" "기러기 아빠"이지 실은 "짝 잃고 찾아 나서지도 못하는 굴뚝새"일 뿐이라는 날카로운 지적이다. 그러나 작품의 마무리에서는 "만난들/ 꼬부라진 신 김치/ 스테이크 입맛에 어찌 맞추리"라며 비판보다는 안타까운 연민의 시선을 보내고 있다. 또, "사나운 눈"과 "가시 돋친 말"이 난무하는 세태를 꼬집은 「눈톱자욱 말톱자욱」에서는 "마음에 찍혀 있는 눈톱자욱 말톱자욱 떠올리며/ 지워질 줄 모르는 업장에 쓸쓸히 미소짓"는다며 애절한 시선으로 마무리하고 있다. 이와 같이 현실세태를 비판하더라도 고발과 풍자에 그치지 않고, 더 큰 관용과 포용의 정신으로 끌어안고자 하는 모습을 보이고 있는 것이다.

반면, 그릇된 현실세태를 준엄한 시선으로 비판하는 시인의 시적 태도는 자연을 소재로 한 작품에서는 전혀 새로운 모습을 보여준다.

> 그대의
> 환한 빛 맑은 향
> 어두운 번뇌에 찌든 곳 밝혀 주렴.
>
> –「군자란이 입 열던 날」 일부

> 더럽혀진 몸과 마음 말끔히 씻어내니
> 밝은 내일 나 그대 닮은 삶의 물결 꾸리고 싶어라.
>
> –「즐거운 산 오름」 일부

「군자란 입 열던 날」은 "겨우내 묵언 참선"하던 "군자란"이 "탐스러운 꽃망울" 터뜨린 모습을 묘사한 작품이다. 이 작품에서 "군자란"이 "환한 빛"과 "맑은 향"을 품을 수 있는 것은 "묵언 참선"하듯 인고의 시간을 가졌기 때문이다. "어두운 번뇌에 찌든 곳 밝혀주"길 바라는 화자의 마음은 곧 군자란을 닮고 싶은 시인의 마음이다. 「즐거운 산 오름」은 제3시집에 「즐거운 산 오름 1,500회」라는 제목으로 실렸던 작품이다. 이 작품은 2006년 4월에 쓴 것인데, 1,500회의 등산횟수가 작품에 등장하는 '북한산' 등산횟수를 말하는 것인지는 정확치 않으나 오랜 기간 꾸준히 산행을 하고 있음을 보여 주는 작품이다.

"산 오름"이 즐거운 것은 "언제 찾아도 반"기고 항상 "포근한 엄마"처럼 품어 주기 때문이다. 자연이 주는 넉넉함은 여기서 그치지 않는다. 자연은 일상에서 "더럽혀진 몸과 마음"을 "말끔히 씻"어 내기 때문에 "밝은 내일"의 새로운 "삶의 물결"을 꾸릴 수 있는 힘을 얻게 된다. 이처럼 자연은 일상의 "번뇌"와 "더럽혀진 몸"을 정화시켜 주는 존재로 받아들여진다. 그런가 하면, "간밤 꼬박 지새웠나/ 임 소식, 야윈 얼굴"(「새벽달」)이나 "원망의 푸념 가락/ 나올라 입 꼭 다문 그 마음씨 더욱 예뻐"(「조약돌」) 등에서는 자연과 인간이 일체화되기도 한다.

양지 바른 언덕 위
아름다운 풀꽃의 공동묘지를 찾던 날

빨정 퍼렁 누렁 낙엽들
영하의 추위 견디기 어려워 부둥켜안은 채 반기고

풀꽃이 사라져버린 자리엔
예쁜 묘비명만 남아 외로이 추억을 되새긴다

비비추, 둥글레, 투구꽃,
고비, 불고사리, 은방울꽃, 풀솜대,
산국, 쑥부쟁이, 자주꿩의비름, 광릉갈퀴나물,
산딸기, 산비장이, 개승마, 금낭화, 애기쉽싸리, 머위,
방울비짜루, 소리쟁이, 바디나물, 피나물, 파드득나물,
솜방방이, 족도리풀, 꿩의비름, 동자꽃, 좁쌀풀, 까치수염, 독활,
톱풀, 산옥잠화, 골풀, 오이풀, 터리풀, 물레나물, 과남풀, 멸가치,
홀아비꽃대, 구절초, 섬기린초, 섬초롱꽃, 금강초롱꽃, 세잎양지꽃, 강활,
삼지구엽초, 산괴불주머니, 산마늘, 은꿩의다리, 금꿩의다리, 엉겅퀴,
그늘사초, 붓꽃, 노루오줌, 땅나리, 술패랭이, 원추리, 삼백초, 참으아리, 넝쿨,
도라지, 할미꽃, 범부채, 벌개미취, 하늘매발톱, 곰취, 개미취, 참취, 두메부추,

슬퍼하지 않으련다
내세의 윤회를 인가받은 그대들이기에

주어진 땅 물 햇빛에 만족하며
탐욕심 없는 해맑은 미소의 공덕으로

풀꽃 닮은
인간세상이 그리워지는 날이어라.
—「풀꽃의 묘비명」 전문

예순여덟 송이의 풀꽃이 이루어 내는 "묘비명"이 아름다운 모습을 얻었다. 산의 모습처럼 시행을 삼각형 형태로 배열하여 주목을 끌었던 황지우 시인의 「무등」을 읽을 때와는 또 다른 감동이 느껴

지는 작품이다. 묘비명이라는 이름에 걸맞게 무덤(산소)의 모습을 취한 시행의 배열은 단순한 시각적 의미만을 지니는 것이 아니다. 외연적으로 보면 "풀꽃들의 공동묘지"에 "예쁜 묘비명"을 형상화한 것이지만, 그것은 단순한 죽음과 추억의 대상물이 아니다. 시의 화자는 풀꽃들이 사라진 "공동묘지" 앞에서 "슬퍼하지 않"는다. 풀꽃들의 소멸은 일회적 죽음을 의미하는 것이 아니기 때문이다. 풀꽃은 "내세의 윤회를 인가" 받은 존재들이다. 시적 논리의 해석이기는 하지만, 풀꽃들이 "내세 윤회"의 인가를 받을 수 있었던 것은 바로 "주어진 땅 물 햇빛에 만족"하고 "탐욕심 없는 해맑은 미소의 공덕"을 쌓았기 때문이다. 시인이 자연을 사랑하고 아끼며 즐거이 찾는 것은 어쩌면 자연에게서 배우는 것, 자연을 통해 깨치는 것이 주는 소중함 때문이리라.

자연을 통해 삶의 이치를 깨닫고 실천하고자 하는 시인은 "풀꽃 세상"을 꿈꾸고 있다. 시인은 오랜 기간 종사했던 '섬유업계'를 은퇴한 후, 글쓰기를 통해, 한편으로는 조각가의 길을 걸으며 제3의 인생을 살고 있다고 했다. 그의 아호 '中里'는 "마을 가운데서 도를 닦는 사람", "중용의 이치를 실행하고 싶은 사람", "중의 이치를 깨우치고 싶은 사람"의 뜻이며, 또한 "공자를 닮고 싶은 사람"의 의미를 담았다고 한다. 자신의 아호에 담긴 뜻을 생활 속에서 교육적 글쓰기와 시쓰기를 통해 몸으로 실천하고 있는 그는 우리 시대의 진정한 아버지요 시인이며 참 스승이다.

中里 韓斗鉉 全集 2

# 한두현 詩 전집

시로 쓴 病床日誌

## 어느 여의사

■ 시인의 말

## 삶을 통째로

열심히 아주 열심히 일했다
누구도 이보다 더할 수 없을 만큼

언제나 현직인 양
삶의 강도는 지칠 줄 몰랐다

목표와 계획을 세우면
몸과 마음도 군소리 없이 소화해 냈다

어느 날 갑자기
몸과 마음이 반기를 들었다

바꾸시오 바꿔
당신은 해가 아직도 중천인 줄 아시오

멀리서 들려 오는 소리
각공아! 서원과 해탈은 언제 이루려고?

두 손을 번쩍 들었다
바꾸자 바꿔 삶을 통째로.

2012년 8월 17일 각공서재에서
중환자실 한 돌을 맞으며
中里 한 두 현

# 차례

## 제2부 머릿속이 새하얀 날 蜂窩織炎

## 제3부 격조 있는 작품 得道

## 제4부 첩의 집살이 風霜雨露

# 제1부

# 어느 여의사

## 敗血症

# 어느 여의사

병실로 오던 날

어느 여의사
말을 건넨다

어르신
강 건너시는 걸
뫼시어 왔거들랑요

사나흘은
몹시 괴로우실 테지만

잘 참으셔야 합니다.

2011. 8. 27

# 마지막 인사드리시라

열흘 중환자실
둘째 날 셋째 날

가짜 염라대왕
명령을 내린다

마지막 인사드리시라

대구 부산
방방곡곡 널려 있는
4남매 자식들 친인척

단숨에 달려와
중환자실 밖 바닥에 주저앉아

엉 엉 엉 울어 대니
진짜 염라대왕 감동했나

기적이 일어났네
다섯째 날 드디어

울음바다

웃음바다 되었네

이승 저승이
붙어 있을 줄이야.

* 중환자실 둘째(2011. 8. 18) 셋째 날(8. 19) 일어났던 일.

2011. 9. 17

# 害正병원

인사동에는
最舊式 해정병원이 있다

2년 전에는
폐렴 치료를 무려 2개월이나 질질 끌면서도
낫질 않아 큰 병원엘 갔더니 약 한 알씩 10일 만에 완치시키더니

지난번에는
빨리 큰 병원으로 가라 할 것을 이틀 치료해 보고 하자더니
치료 하루 만에 중증 敗血症으로 확산 119에 실려 저승문턱까지

무슨 권위의식이 대단해
열이 40도를 넘어도 몇 시간씩 순서를 기다리게 하고
혈액에 세균이 무척 많군요 하면서도 바로 큰 병원으로 안 보내니

어지간한 의료시설에 임상실험도 갖춘 중견병원 믿다간
最舊式 경영방식에 까딱 잘못 걸려들면 황천 가기 꼭 알맞은 곳
동네병원이면 큰일 나겠습니다 빨리 큰 병원을 가라 했을 텐데

폐렴만 해도 하루 약 23알씩 매일 주사에 2개월 치료로도 허탕
안 되겠다싶어 큰 병원엘 갔으니 망정이지 더 질질 끌었다면

아마도 이번이 아닌 2년 전에 큰일을 치르고 말았을지도 몰라

나라면 내 가족이라면 내 친척이라면 그리 처리는 안했을 것
나이도 80줄 돈도 벌 만큼 벌은 사람이 어찌 그럴 수가
만약 이번에 저승엘 갔다면 바로 잡아갔을 게다 正義를 위하여.

2011. 8. 17

## 중환자실

중환자실은
만성적자 부서라 의사 성적도 낮다

죽음이 상존하니
울음이 그칠 날 없어 우울한 데다

찬사는 찾을 길 없고
비난과 책임 추궁이 난무하는 곳이다

적자를 줄이려니
중환자실도 장비도 늘 모자라는 상태

시간을 다투는
중증 환자가 살아남으려면

얼마나 빨리 들어가
충분한 장비를 차지하느냐다

임종 선언을 받고도
살아 돌아올 수 있었던 것은

최우선으로 들어가

최신 장비를 총동원하였기에

감사하고 감사할 따름이다
의사 선생을 비롯한 도와주신 神佛님께.

2011. 8. 19

# 내 몸은 내가 지킬 거야
– 내가 겪은 환각 환시

중환자실에서 깨어 보니
JB세브란스란 부속병원에 있는 거야

콩을 주원료로 치료하는 전문 병원이라나
콧속 입천장 이빨 사이 끈적끈적하는 콩 찌꺼기

탁자 위에 놓인 콩 전문치료 병원 홍보물
내가 입고 있는 환자복에 쓰인 JB세브란스

요즘 세상에 좋은 항생제가 얼마나 많은데
이런 데서 치료를 받게 하다니 아내를 만나면 말하리라

처음으로 아내가 식구들과 나타났다 큰소리로 외쳤다
손가락질까지 해가며 "나는 저 여자를 따라다니지 않을 거야"

이유를 설명했지만 콩 치료란 말도 안 되며
가장 좋은 항생제로 치료를 해 살아났다는 것이다

온몸과 병실에서 뿜어내는 콩 냄새가 지겨워
본 세브란스로 옮겨 달라고 계속 졸라 대어 병실로 왔다

다음에도 콩 치료전문 병원에 대한 의심이 남아 있어
JB세브란스 건물을 아이들더러 찾아보게 했으나 없단다

시간이 지나면서 나의 환각 환시임이 드러났으니
나를 살리려 밤새워 애쓴 아내에 대한 죄스러움만 남았다.

2011. 9. 초순

# 뼈와 살갗뿐

중환자실 열흘에
피골상접(皮骨相接)이라

다리에 근육이 없어
서기는커녕 세워 놔도 자빠진다

부처님 고행상이야말로
피골상접의 대표적 표본으로

조각이나 그림으로
본 적은 있지만 체험은 처음이다

아마도 고행을 마치고 일어나
강가로 가셨다는 것은 신화이리

누구의 도움 없이는
돌아눕지도 못해 남의 손을 빌려야 했고

엉덩이도 들 수 없어
기저귀를 뺄 때에도 들어 올려 주어야 했다

오랜 시일에 걸쳐 밥도 먹고

조금씩 운동을 하면서 근육이 서서히 복원되었다

살이 없는 뼈와 심줄만은
죽어 움직이지 못하는 시체임을 알게 되었다.

2011. 8. 28 병실에서

# 악필(惡筆)

나는 악필이다
연습해도 안 되는 선천적

할아버지 닮아
아버지 닮았으면 달필일 텐데

집안 어른이
특대생치곤 악필이구먼 하면서

너무 걱정할 건 없다
베토벤도 심한 악필이었으니까

신언서판(身言書判)
시대였다면 퍽 불리했으리라

젊어선 또박또박은 썼는데
중병을 앓고 나니 무엇을 썼는지 모르기 일쑤

오죽하면
내 책에 사인을 기피할 정도이랴

요즘 학생들 연습 부족이라

악필이란 기사를 보고 친구를 만난 듯

컴퓨터가 아니었다면
글 쓰는 일도 순조롭지 못 했으리

아무도 못 읽을 테니
내 육필 원고는 이 세상에 존재하지 않는다.

2011. 8. 31

# 환시 환청 환각

중환자실에
늘 있는 일이 幻視 幻聽 幻覺이다

듣는 이는
우스갯소리로 들릴지 몰라도

당하는 이는
정신에 심각한 후유증을 남기기도 한다

어떤 점잖기로 유명한 노교수는
평소에 제자에게도 존댓말을 썼는데

죽음에서 깨어날 때는
어찌나 입에 다물지 못할 쌍욕을 하는지

보는 이마다 입을 다물지 못했단다
저분이 그 점잖은 노교수 맞아 하면서

심한 이는 정신이상이 되어
오랜 기간 정신과 치료를 받기도 한다

나의 얘기는 별도로 하기로 하고

간호사 말로는 욕을 아주 안 해 양반이라 했단다

중환자실에서 깨어날 때
가족 한 사람이 옆에 붙어 상담에 응하면 좋겠다.

2011. 9. 초순

## 묵모이 하나

성묘 길
언덕 위 묵모이 하나
문패도 담장도 없이 초라한

자손 발길
끊긴 지 얼마이기에
싸리가지며 쑥대며 소나무까지

얼마나
쓸쓸히 외로웠기에
꽃씨며 풀씨며 솔씨까지 받아들여

외로움뿐이랴
쓸 만하다 여겨지면
사람 손 탈라 험히 꾸민 건지도 몰라

너무 서러워 마시구려
요즘 집 없는 이 하나 둘이던가
그대의 집은 단독주택 한구뎅이도 아닌

아침이면 붉은 해
달밤이면 구성진 부엉이 울음소리

토끼며 노루며 승냥이도 만날 수 있잖소

빌고 비시구려
맑은 밤 북두칠성께 자손 잘 되라
언젠가 그대 집 리모델링 하러 달려오리니.

2011. 9. 12

## 네 덕 좀 보자

– 내가 겪은 환시 환각

아 너 지영이 아니냐
언제 아주대 그만두고 연세대로 왔니

8월초에 스카우트돼 왔어요
아 그래 그러면 네 덕 좀 보자꾸나

주치의 선생이 퇴원시켜 준다더니
벌써 며칠이 지났는데도 감감무소식이다

좀 난처한 표정을 지으며 끄덕끄덕 한다
그러고 나선 지영이도 나타나질 않는 게야

연세대 마크에 한지영이란 명찰도 달고
내 요구에 고개까지 끄떡였으면 가부간 답이 있어야지

화가 머리끝까지 나서 며칠 동안 지영이를 부르며
왜 빨리 퇴원시켜 주지 않느냐고 소리소리 질렀다

그 후 일반병실로 옮긴 다음에도 “너 연세대 온 것 맞지”
하면 고개를 끄떡끄떡했다 아니라면 내가 쇼크 받을까 봐

나는 지영이가 연세대로 왔다고 굳게 믿고
오랫동안 여러 사람에게 얘길 해도 누구도 부정하는 이 없었다

이처럼 정신 나간 사람 취급받는 게 환시 환청 환각이다.

2011. 9. 중순

## 남아일언중천금
– 내가 겪은 환청 환각

男兒一言重千金인데
주치의가 퇴원시켜 준다 했으면 시켜 주어야지

퇴원시켜 줘 퇴원시켜 줘
하루 종일 외쳐 대는 외로운 외침이었다

기적적으로 죽음에서 깨어나니

주치의가 흥분하며 “이제 살았습니다”라고 해서
“이제 어떻게 해야 하나요”라고 물었지

그랬더니 “집에 가 오늘은 샤워하지 말고
내일부터 하되 절대로 넘어지면 안 돼요
그리고 맛있는 것 많이 잡수시면 됩니다”라고 했다

그런데 그런 말 안 했다고 하니
남아일언중천금인데 어찌 말을 바꾸느냐고 대들었다

난처해진 주치의 우물쭈물 말을 흐리더니
우리 가족한테 극구 부인하는 말을 여러 차례 했단다

병실로 옮긴 후 한 달이 넘도록 치료를 받으면서
주치의가 도저히 그런 말을 할 수 없음을 이해했다

안 한 말을 했다고 부득부득 우겨 댔으니
환청 환각이야말로 사람을 환장하게 만드는 게 맞다.

2011. 9. 중순

# 똥 싸는 아버지가 좋아

코미디도 아니고
하루 저녁이면 쉴 새 없이
아버지가 싸대는 똥 치우는 게 좋다니

큰딸의 말은
아버지가 중환자실에서 떠나셨으면
이 즐거움을 어디서 누릴 수 있겠느냐는 것

똥 싸는 아버지
보는 게 엄청 행복하다나
제상 위에 계신 아버지는 똥도 못 싸니까

얼마든지 얼마든지 싸랜다
우리는 이렇게 즐기며 치워 드린다고
아버지가 살아 계신 게 정말 꿈만 같단다

보여 주기 싫은 꼴
보여 주는 게 자존심도 상했지만
그렇게 말해 주니 얼마간 위안이 되기도 했다

똥을 얼마나 쌌던지 아이들은

밤잠도 못자고 혼났지만 즐거운 표정이다
내가 이런 일을 당했으면 그리 못했을 것만 같다.

2011. 9. 초순 병실에서

# 기쁨의 인사

기쁜 소식을
알려 드립니다

생존율
5%밖에 안 되는

패혈증과
당당히 맞서

저승의
문턱에서

돌아 왔음을
알려 드립니다.

2011. 8. 28

# 싸 놓은 똥

병실 밖
나무 한 그루

인생의 명줄

뿌리일까
등걸일까
굵은 가지일까
작은 가지일까
하늘하늘 잎새일까

잎새인들
잔가지인들
굵은 가지인들
등걸인들
뿌리인들

어떠하랴

세상에 나와
싸 놓은 똥
산뜻하게 치웠다면.

2011. 9. 13

# 평범의 비범

휠체어를 타는 것도
절뚝절뚝 걸어가는 것도

맛있게 먹는 것도
시원하게 싸는 것도

TV를 보는 것도
신문을 보는 것도

활짝 웃는 것도
유머를 하는 것도

평범(平凡) 아닌
비범(非凡)으로 다가온다

평범을
너무 무시하고 살았나 봐.

2011. 9. 19

# 생명줄

죽음의 늪에서
허우적거리는 생명에게

어떤 생명줄을
드리워주는 게 가장 좋을까

태아에게는 胎줄
어린이에게는 젖줄
어른에게는 色줄〉情줄이다

중세 로마고아원에서 있었던 일

시설 좋고 영양 좋고
사랑을 입에 달고 사는
수녀고아원 사망율은 90%

시설도 떨어지고
영양도 떨어지지만
보모의 젖을 먹인 고아원 생존율은 90%였다

죽음의 늪에 드리울
효과적인 생명줄을 생각하게 되는 날이다.

2011. 8. 28

## 병실의 TV

차라리
가을 하늘의 창틀이었으면 좋겠다

차라리
단풍이 물든 앞산의 창틀이었으면 좋겠다

차라리
검은 칠판이었으면 좋겠다

차라리
할아버지 "힘내세요"라고 쓴 칠판이었으면 좋겠다

차라리
시원한 풍경화 한 폭이었으면 좋겠다

차라리
무성영화였으면 좋겠다

차라리
웃지나 말았으면 좋겠다

차라리

맛있게 먹지나 말았으면 좋겠다

차라리
잘난 체나 하지 말았으면 좋겠다

차라리
그리운 이 어른거리는 뿌연 창문이었으면 좋겠다

고통 심한 환자에겐.

2011. 9. 22

# 점령당한 몸

내 몸은
완전히 점령당했다

5강의 점령군
아내와 네 명의 아들딸들에 의해

종합감기약은 말해 뭘해
위청수 쌍화탕도 마음대로 먹을 수 없다

누가 감히 나를
70평생 만끽해 온 자유를 빼앗기고 말았네

중병을 앓고 나니
권위가 무너져 내 행동을 믿을 수 없다나

점령군이 진주해
시시콜콜 간섭하니 내 몸이 내 몸이 아니다

큰 사고를 내고 말았으니
몸의 통제는 맡기고 영혼의 자유나 누릴 수밖에.

2011. 9. 병실에서

# 모기야 모기야

모기야 모기야
빼앗는 짓거릴랑 말아 다오

달라면 달라면
피 몇 방울 기꺼이 주련만

가려워 가려워
살생악업 짓게 만드느냐

골똘히 골똘히
생각에 잠긴다 무장해제법.

2011. 9. 13

# 병실 아닌 병실

들뜸도 잠시
문밖엔 얼씬도 못해

누워서
뒷꿈치 욕창은 들어야

아침 점심 저녁
한 움큼씩 약은 삼켜야

삼 일마다
가정간호사의 치료는 받아야

일주일에
한 번씩 통원치료도 받아야

퇴원인지
입원인지 아주 아주 헷갈린다네

그래도
특실보다도 환경이 좋으니

방도 더 넓고

먹거리도 선택할 수 있고

음악 감상도
조각품 감상도 할 수 있으니

지옥에서 퇴원한 것만은 확실한 듯.

2011. 9. 28

# 사람의 마음

병실 창밖
동산 능선 나무들

강 건너다
되돌아와선

신비롭게 보이다가
경이롭게 보이다가
아름답게 보이다가
평범하게 보이다가
시큰둥하게 보일 때쯤이면

퇴원이 가까워 온 것일 게야.

2011. 9. 23

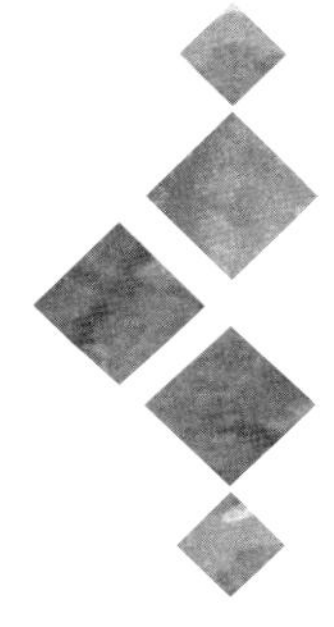

# 제 2 부

## 머릿속이 새하얀 날

## 蜂窩織炎

# 먹는 고통

병실 생활에서
먹는 고통만 없어도 좋겠다

정성껏 차려 온
죽이며 밥이며 반찬인데

끼니때만 되면
멀리 도망가고 싶다

식전에는
메스꺼운 약도 입맛 나는 약도 주고

식후에는
여러 가지 소화제도 듬뿍 주는데

싫다 무조건 싫다
항생제 부작용이 이렇듯 심각한지

입원 치료기간 만큼은
세끼 밥을 안 먹어도 되는 병원이 있었으면.

2011. 9~10. 병실에서

# 울컥증

잠을 자다가도
길을 가다가도
운전을 하다가도

중환자실
산송장 모습이 떠오르면

왈칵 울컥증이 와
엉 엉 엉 운다고 한다

건강하던 가장이
하루 이틀 사이에 산송장이 되다니

너무나 갑작스런 사건은
아내나 자식에게 깊은 상처를 남긴다

살아났으니 이 정도지
죽었으면 두고두고 속병이 되었으리라

의사의 직업이
좋긴 하지만 지나친 권위의식에 빠지면

정의를 해하는 害正病院
최구식(最舊式)처럼 큰 일을 저지르고 말 것이다.

2011. 10. 병실에서

# 봉와직염(蜂窩織炎)

오른쪽 발목에
뜨끔뜨끔 염증이 와
부랴부랴 세브란스 응급실을 갔다
집으로 병실 옮긴 지 딱 10일 만에

중요한 병 아니니 걱정 마시고
너댓새면 치료가 가능할 것 같다는 둥
우습게 알고 달려든 의료진들이
한 달이 가고 두 달이 가도 갈팡질팡

딱 두 달 하루 만에 완치도 아닌
가정간호사가 집으로 와 채혈도 하는 등
치료를 하고 있지만 기약 없는 치료다
봉와직염이 끈질긴 병인 줄은 의사도 설레설레

세균이 벌집을 짓고 들어앉아 급성염증을 일으키니
치료 방법은 오직 하나 항생제로 다스려야 하나
벌집마다에 숨어 들어 있는 세균박멸이란 너무 어려워
듣는 항생제를 찾는데만 수차례 고열이 따르는 형벌

한기가 나면 솜이불 고열이 나면 얼음세례 하루에도 몇 번씩
듣는 항생제를 찾아가는 멀고도 너무 고통스러운 지옥 아닌 지옥

어찌어찌하여 듣는 약은 찾았으나 환자가 생존의욕을 상실했을 정도
염증수치가 좀 떨어져 주사약을 먹는 약으로 바꿔 12월 3일 집 병실로

소뿔 바로잡으려다 소 잡는 격의 치료로 봉와직염은 고칠지 몰라도
사람을 죽일지도 모를 현재의 우유부단한 치료 방법은 시정되어야 마땅
어떤 병인들 만만한 게 있으랴만은 봉와직염의 치료기간만은
연구에 연구를 거듭해서 단축하고 예측이 가능해지도록 해야 할 것이다.

2011. 10. 3

# 죽음

죽음을
생각한다는 것이

얼마나
사치인지를 알게 하는 경지

죽으려는
힘도 의지도 없으며

살려는
힘도 의지도 없는 경지

죽어도 그만 살아도 그만
어찌돼도 그만인 그런 경지

나는 아무런
힘도 의지도 생각도 없었다

강물에 빠져
혼수상태에서 물살 따라
흘러가는 상태라고나 할까

이런 상태에서
죽음을 생각한다면
얼마나 사치일까를 알게 되었다.

2011. 11. 초 중순 병실에서

# 갱도에 묻힌 광부

물도 먹을거리도 끊어지고
외부와의 연락도 두절된 극한상황

기지와 투지로
과연 살아남을 수 있을까

혼수상태에서
무슨 투혼을 발휘할 수 있을까

체온유지를 위해
서로 부둥켜안았을 것이고

목숨이 붙어 있어 산 것이고
구원의 손길로 살아나온 것뿐 아닐까

너무 미화하여
인간을 위한다고 조작하지 마라

극한상황에 처한 인간은
동물 이상도 이하도 아님을 인정해야 한다

다시 들어가기 싫거든

선불리 영웅임을 자처도 하지 마라

사경을 헤매는 환자 역시 이와 같다.

2011. 11. 어느 날 병실에서

## 머릿속이 새하얀 날

무중력
무기력
무의지력

절망도 희망도 원망도 없는 날

시를 쓰겠는가
사색을 하겠는가
자살을 하겠는가

아무 것도 할 수 없는 날

죽은 자와 산 자가
더 이상 무슨 의미가 있는가.

2011. 11. 어느 날 병실에서

## 닭아 닭아

닭아 닭아
새벽 닭아 힘차게 울어 다오

네가 울어야
먼동이 터 새벽이 오건만

어찌 그리도
매정하게 나 몰라라 하느냐

못 참겠다 못 참아
이리는 더 못 참겠다 닭아 닭아

내 미리 알았다면
여기저기에 수탉 양계장을 차렸으리.

2011. 11. 하순
기약 없는 병실에서

# 발목아

제발 제발
이제 그만 하렴

세상에 나와
너를 천대한 일이 있었더냐

너를 굶긴 적이 있었더냐
너를 학대한 일이 있었더냐
너로 강아지 한 번 발길질한 일이 있었더냐

너의 골밀도는 청년수준으로
튼튼하게 가꾸고 가꾸었는데

무슨 말 못 할 원한 있어
60일이 넘도록 발을 묶어 놓느냐

잘못이 있으면 말해 다오
무슨 수를 써서라도 바로잡을께

그만 하렴 그만 하렴
너도 살고 나도 살자꾸나

원인을 몰라 하소연밖에
할 수 없는 내 처지를 이해하려무나.

2011. 11. 하순 병실에서

# 엉 엉 엉

엉 엉 엉
울고 싶다

하루가 지나가고
한 달이 지나가고
한 해가 다 지나간다 해도

눈물이 바다 되어
티베트 고원이 잠긴다 해도

엉 엉 엉
울고 싶다.

2011. 11. 17
입원 후 만 3개월이 지나는데
퇴원할 날은 보이지 않으니

# 희망

어느 교도소
사형수(死刑囚)와 종신형수(終身刑囚)

사형수는 모범수로
무기징역 15년 10년으로 감형되었다

종신형수는
어제도 오늘도 내일도 종신형수일 뿐이다

처음엔 좋았던 종신형수는
차차 나갈 희망을 잃어 가는 반면

죽을 줄로만 알았던 사형수는
희망에 차 나갈 날을 손꼽아 기다렸다

교도소 아닌 병실에도
수많은 사형수와 종신형수가 존재했다.

2011. 11. 어느 날
기약 없는 봉와직염 치료에 낙담하며

# 속 타는 사람들

창문이
모두 열려 있다

추운
겨울 날씨에

수백 명이
들어찬 병원 큰 대기실

환자도
보호자도 속이 타는 모양이다

창문가에 앉은 이도
창문 닫을 생각을 하지 않는다

휠체어에 앉은 나는
잠퍼에 무릎덮개를 하고도 추운데

속 타는 열기로
병원 난방비가 많이 줄겠다는 생각을 했다.

2011. 11. 중순

# 재미있는 회사

소리 소문 없이 다이어트가 되는 회사
입사자보다 퇴사자가 항상 적은 회사
재입사를 쌍수를 들어 환영하는 회사
퇴사를 아주 명예롭게 생각하는 회사
월급은 없고 오히려 돈을 내야 하는 회사
정년 연한이 없는 완전 종신형 회사
외출이 금지된 자유가 없는 회사
온몸을 휘감고 차 밑에 숨어 탈출하는 회사
제복은 매일 빨아 갈아입히는 회사
남녀노소 누구나 원하면 기저귀를 차도 되는 회사
남자 바지도 소변 구멍이 없는 옷을 입히는 회사
굶어 죽어도 다시는 들어오고 싶지 않은 회사.

2011. 11. 하순 병실에서

# 눈만 믿으려는 심리

하얀 시트로 덮인 카트 위
정성껏 마무리 진 단정한 백색 시신 석고상

휠체어 산책을 나가다 눈에 띄었다
세 개 엘리베이터 중 가운데로 내려가는 걸

우리 식구는 그 시각부터
퇴원할 때까지 가운데 엘리베이터는 안 탔다

세 개 중 어느 것이
가장 많이 시신을 실어 날랐을지도 모르는데

엘리베이터는 그래도 낫다
운명한 병실을 알고 들어가야 한다면 기분이 어떨까

어릴 적 대문 밖 사자밥을 놓았던 자리
망자의 옷을 불살랐던 자리를 피해 돌아다녔 듯이

인간은 어차피 기분파
눈으로 본 것만이라도 피해 가고 싶은 얄팍한 심리인 걸.

2011. 11. 어느 날 산책길에서

# 미안 미안 미안

건강관리 잘못해 고생 고생시키는 내 몸뚱이에 미안 미안
돌연 중환자로 쇼크를 받아 병을 얻은 가족에게 미안 미안
간병하랴 돈 장만하랴 체중까지 빠진 아내에게 미안 미안
시간마다 싸대는 똥 치우느라 고생한 자식들에게 미안 미안
문병 오느라 자기일 못하며 찾아오는 자식들에게 미안 미안
간병인에게 이것저것 잔심부름 시키는 게 미안 미안
병이 낫질 않아 노심초사하는 의료진들에게 미안 미안
정맥 찾기 어려워 시니어에게 부탁하는 간호사에게 미안 미안
입원실 오래 차지해 대기하는 환자에게 미안 미안
쉴 새 없이 걸려 오는 일가친척 친구전화 못 받아 미안 미안
오지 말라는 병문안 어찌할까 걱정하는 친지들에 미안 미안
사회에 환원할 요긴한 자금 축내게 되어 미안 미안
조상 차례 제사 못 모시게 되어 조상님들께 미안 미안.

2011. 11. 병실에서

## 코드 블루(code blue)

밤낮없이
구내방송은 외친다

○○병동
◎◎과 코드 블루

호출받은 의사들
와르르 뛰어 몰려간다

응급 상황 발생
급히 와 환자를 살리라는 호출

100여 일 입원에
늘 듣는 소리라 먼 동네 얘기려니

웬걸
바로 옆방에 코드 블루가 발생

밤중까지 지속되더니
소리 내어 우는 소리가 들려온다

먼 동네 얘기가 아닌

발등의 코드 블루를 실감

응급 상황이란
사느냐 죽느냐의 갈림길인 걸.

2011. 11. 하순

# 정맥주사의 고민

항생제 주사
100여 일을 맞다 보니

팔뚝의 정맥이
겁이 났는지 몽땅 숨어 버렸다

한 번 주사를 맞으려면
두세 번씩 여기저기를 찌른다

도저히 안 되면
시니어 간호사를 불러야 하니 고민

손등에 놓으면
손을 마음대로 쓸 수 없어 괴롭다

맞는 환자나
놓는 간호사나 모두가 고통이다

아주 심하면 목줄기에 놓는다는데
거기까진 가진 않고 치료가 끝나 천만다행

신체는 쓸수록 보통 강해지는데
정맥은 주사를 맞을수록 가늘어진다니 요지경.

2011. 11. 하순 병실에서

# 까만 반달 뒤꿈치

중환자실 열흘에
얻은 까만 훈장 두 개

양발에 붙은
새까만 반달모양 뒤꿈치

욕창(蓐瘡)의 일종이라지만
병상에 너무 오래 닿아 있어가 아니고

고통을 이기지 못해
뒤꿈치로 병상을 탕탕 쳐서 생긴 듯

문제는 훈장을 없애려면
썩은 부분을 약으로 썩혀 내야 하는데

치료기간 내내
다른 물체에 닿아 있지 말아야 한다는 것

서면 물론 바닥에 닿고
앉아도 누워도 바닥에 닿지 않게 들어야 하니

치료기간이 짧으면 몰라도

장장 90일 소요되었으니 그 고통이 클 수밖에

철저히 치료 조건을 충족시켜
수술을 하거나 흠집이 생기지 않을 수 있었다

병 치료가 보통 인내력을 요구하지만
기나긴 기간 어려운 관리를 요하는 괴로움이 큰 병이었다.

2011. 11. 30

## 캐딜락의 눈

캐딜락에 올라탄
오늘의 주인공은 올곧은 분이었다

두 가지 사귐의 원칙이 뚜렷한
배신자와 배은망덕한 자는 동물만도 못하다

아무리 둘러봐도 참다운 인간이 너무 적어
저놈만은 믿었는데 마지막 인사도 안 오다니

인간이란 믿을 게 못돼 줄이고 줄여 사귀었는데도
닥쳐보니 쓸 만한 놈은 별로 없으니 말이 안 나와

이승의 실패를 거울삼아 내세를 생각해 본다
분석하고 분석해 보면 좋은 결과가 나오리라 보면서

엉뚱한 망상에 사로잡힌다
누군 나쁜 놈 누군 좋은 놈 가리지 않을 방법도 있었는데

떠나는 마당에 사람을 가린다는 게 너무 서글퍼
오래오래 살아 그놈들 다 간 다음에 가면 되는 건데

그것도 마음대로 안 될 것 같네.

2011. 11. 하순

# 빤짝빤짝 환송회

비 개인 늦가을
환송회가 벌어졌구나

하얀 건물에서
뿜어대는 눈부신 서치라이트

어디로 갔나
오전에 축 늘어진 어깨

눈을 현란시키네
오색영롱한 보석되어

다시 만날 날 기약하며
부르짖는 함성함성 저 함성.

2011. 11. 하순 어느 날
병실에서 바라보는 창밖 풍경

# 헛말 헛말 헛말

병실에는
헛말이 공중을
쉼 없이 날아다닌다

걱정 말아요
요즘 의학이
얼마나 발전했는데요

꼭 나을 겁니다
요즘 좋은 약이
얼마나 많이 나왔는데요

조금만 더 참아요
곧 통증이 줄어들 테니
마음을 단단히 먹어야 해요

믿음을 가져요
아무개도 아무개도
기적이 일어나 죽다 살아났대요

밥맛이 없어도
억지로라도 많이많이 먹어야

밥심으로라도 병을 이길 거에요

이승이 가까울지
저승이 가까울지
오락가락하는데 거기다대고.

2011. 11. 16

# 美의 기준이 춤추는 세계

인체 조각을 한답시고
황금비율이 눈에 확 들어오다 보니

머리통이 너무 크거나 목이 너무 짧아
어깨가 너무 넓거나 가슴이 너무 작아
몸통이 너무 길거나 허리가 너무 굵어
엉덩이가 너무 크거나 너무 작아
다리가 짧거나 굵거나 휘었거나 가늘어

미인 감상하기가 쉽지 않아
길을 다녀도 즐겁기가 무척 어려웠다

병실에 몇 개월 징역살이를 하다 보니
사정은 확 바뀌어 환자세계는 달랐다

카트나 휠체어에 타거나 목발을 짚으면
팔등신 미인일지라도 그 순간 보통미도 안 된다

내가 그리도 밉게 보던 몸매의 주인공이
이 세계에서는 건강한 미인으로 다시 태어났다

미의 기준을 다시 생각게 하는 세계를 체험했다.

2011. 11. 병실에서

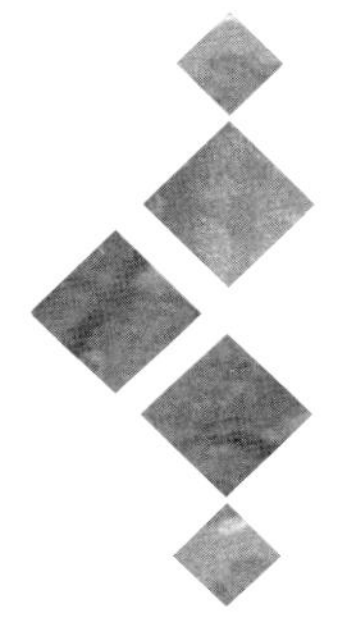

# 제 3 부

## 격조 있는 작품

## 得道

## 사랑의 정체

시간도 넘어
공간도 넘어
우주에 가득한데

모자람도
넘침도 없는
그윽한 향기.

2011. 12. 5

# 사랑은 빛입니다

빛은 쏘아 뚫습니다
어떤 짙은 구름도
어떤 무거운 어둠도
사랑하는 이에게 닿을 때까지

빛은 큰바위를 만나도
비껴 돌아갈 줄 모릅니다
오직 직진할 뿐입니다
산산조각이 나 산화할지언정

빛은 얽어맬 줄 모릅니다
빛은 뒷통수를 칠 줄 모릅니다
빛은 구구한 변명을 할 줄 모릅니다
빛은 사랑만을 향해 달리고 달릴 뿐입니다.

2011. 12. 12

# 영혼의 몸부림

싱글의 영혼은 바람이어라
싱글의 영혼은 바람이어라

이 마을 저 마을
골목을 누비는 바람이어라

이 나라 저 나라
오대양을 휘젓는 바람이어라

커플의 영혼은 샛별이어라
커플의 영혼은 샛별이어라

이 마을 저 마을
골목마다 정겨운 이야기가 흐르고

이 나라 저 나라
오대양을 넘나드는 생명의 귀중함이 싹튼다

영혼의 커플들이
정성껏 빚어내는 빤짝빤짝 빛나는 샛별이어라.

2011. 12. 7

# 말동무

– 입원한 지 꼭 155일이 되던 날 가정병실

말동무 없는
휑한 동짓달 긴 밤

보름달빛만
창가를 어슬렁거리는데

누가 보낸 칼잡이인 듯
쏜살같이 창문을 뒤흔들어

기다렸지
들어오면 시 문답이나 하리라

바보 모양
문도 열 줄 모르는 삭은 나뭇가지인 걸.

2011. 12. 13

# 그리움

보이지 않아 그립고
보면 보아 더 그립다

소식을 몰라 그립고
소식을 알면 알아서 더 그립다

손이 닿지 않아 그립고
손이 닿으면 닿아서 더 그립다

마음을 몰라 그립고
마음을 알면 알아서 더 그립다

연락 매체가 없어 그립고
연락 매체가 있으면 있어 더 그립다

가슴에 품지 못해 그립고
품으면 품을수록 더 그리운
영원히 풀지 못할 숙명의 갈애(渴愛)다.

2011. 12. 19

# 짝사랑

백 번을 울어도
단 한 번의 메아리도 없는데

아직도 아직도
울어볼 기력이 남아 있는가

차라리 차라리
방향을 바꾸어 울어 보렴

감미로운 메아리
기대할 수 있으리라.

2011. 12. 23

# 애정 구걸도 거지

몸과 마음이 허약한
장기치료 환자는 도움과 과잉보호를 받아

응석이 늘어가고
애정 구걸을 하다 보면 익숙해지기 마련

애정도 주는 만큼 받아야지
구걸하는 게 습관이 되면 거지나 다름없다

아무리 궁해도 구걸만큼은 말아야
측은지심과 동정심을 애정으로 알아도 안 될 말

비록 회복하지 못할지 모를 환자라도
하나의 떳떳한 인격체로 당당히 자존심을 살려야.

2012. 1. 13

## 작품의 보은

생김새도 각각
몸집 크기도 각각
피부색도 너무 각각

조각품을 감상 한다
오랜만에 한유한 기회를 얻어
지옥문턱까지 다녀온 특전이라 할까

포즈도 각각
구도도 각각
담은 염원도 각각

재질도 각각
의상도 각각
부은 정성도 각각

창작에만 바빠
감상을 제대로 못했음인가
자세히 볼수록 새롭고 새로워라

심심이 허약해진 몸
뜻밖의 그대들을 만나

회포를 푸니 흐뭇하구나

정말 몰랐네 몰랐어
취미 삼아 조성되어진 여러분이
나의 병 치료를 해 주는 보은을 할 줄이야.

2011. 12. 9
병실 아닌 병실에서

# 무료한 날

아무리
무료한 날일지라도

내색을
하는데 망설이게 된다

어디서
호통 소리가 들려오는 것 같아

그렇다면
다시 아프게 해 줄까

그렇다면
다시 먹지 못하게 해 줄까

그렇다면
다시 서지 못하게 해 줄까

마냥 공갈 협박이다
다시 살아난 게 몽땅 자기 공인 양.

2011. 12. 20

# 버리시게나

버리시게나
버리시게나

욕심도 버리시게나
미움도 버리시게나
분노도 버리시게나
재물도 버리시게나
명예도 버리시게나
애욕도 버리시게나
목숨도 버리시게나
버린다는 마음도 버리시게나

살아 있는 성인군자
누구도 버린 이 못 봤으나

저승문턱 도달해 보니
버리지 못한 이 하나도 없어

너무 서두르지 말게나
그대도 모든 걸 버리고
해탈열반에 들어가리니.

2011. 12. 21
지루한 병실 아닌 병실에서

# 정지된 인간

달리던 인간이
4개월이 넘도록
어느 날 갑자기 정지했다

시간이 정지해
오늘이 몇 월 며칠인지
여름인지 가을인지 의미가 없다

공간도 정지해
온실 속 화초처럼 관심이 없다
비가 오든 눈이 오든 태풍이 불든

누가 죽었다느니
어디에 큰일이 터졌다 해도
실체가 없는 영화 속 사건이 될 뿐

살아 있어도 식물인간
무엇을 위해 왜 사느냐 묻는다면
오만한 인간의 심한 욕설이 될 뿐이다

정지된 인간은 자기 몸밖에 몰라

어디에 구멍이라도 뚫릴세라 전전긍긍
사회와 인간과는 단절된 시공만을 즐긴다.

2011. 12. 22

# 나눔의 손

나눔만큼
어려운 일은 없기에

나눔만큼은
벌은 자의 몫이다

벌을 때의 노력 속엔
나눔의 미학이 올올이 새겨져

어떤 나눔이 되더라도
이러쿵저러쿵 토를 달 수 없다

나누지도 못하고
버려진 것은 오물 쓰레기 더미

나누어라나누어라
나눔의 손으로 당당히

벌은 자의 나눔만이
샛별처럼 동쪽하늘을 비치리.

2011. 12. 24

# 몸이냐 일이냐

내 몸에 감사 감사한다
70평생 혹사 혹사에도 잘 견디어
많은 일을 하는데 뒷받침을 잘해 주었다

하루 12시간 이상 공휴일이 없었어도
단 하루의 입원도 하지 않은 튼튼한 몸
하루아침에 죽음의 문턱까지 끌고 갈 줄이야

바꿔야 할 시점을 맞이하였다
일 위주의 삶에서 몸 위주의 삶으로
몸이 쉬자면 쉬고 자자면 자고 먹자면 먹고

일의 목표 따위 출퇴근 시간 따위는 없다
운동의 목표 따위도 없고 스트레스도 받지 않는다
시를 쓰거나 공부도 취미 정도로만 한다

사람도 기분 좋은 사람 기분 좋을 때만 만난다
세배도 목표를 세워 꼭 시간을 정해 하지 않는다
추석 설 성묘도 상태에 따라 자식 손자가 하기도 한다.

2011. 12. 29

# 마지막 자존심

더 이상
생산성이 없는 고령자

수중에
충분한 돈이 없으면

예측 불가의
의료비가 자존심을 건드린다

집을 줄이거나 팔아도
가족에게 누를 끼치고 부족하기 쉽다

자식에게 손을 벌린다면
십중팔구 싸움판이 벌어진다

아무리 고고히 살았다 해도
지켜 온 자존심은 산산이 부서지고 만다

의료비 준비가 안 된 사람은
병이 나도 큰 병원엘 안 가는 수밖에 없다

가정전문의나 한방이나 자연치유나

진통제 등 돈이 허락하는 범위는 좋다

새로운 것도 비정한 것도 아니다
우리의 조상들이 해 오던 방법 그대로다

땅을 팔아선 병원엘 안 가던 조상들
마지막 자존심을 지키며 갈 수 있었다.

2011. 12. 30

# 네 기둥은 멀쩡했다

집은 허물어졌는데
네 기둥만은 멀쩡했다

중환자실 10일에 몸은 허물어져
움직일 수 있는 건 고개와 떨리는 손뿐

나만 몰랐다
패혈증(敗血症)으로 죽다 살아나면

폐장(肺臟) 심장(心臟) 간장(肝臟) 신장(腎臟)
네 개의 주요 장기 중 최소 하나는 나간다는 것

네 개의 기둥은 멀쩡했다
신기하게도 의료진과 가족의 우려를 비웃듯이

무너진 지붕과 벽은
점차 수리가 되어가 예전 모습을 되찾고 있다

감사 감사 감사할 따름이다
네 기둥 중 어느 것이 나갔어도 아찔할 수밖에.

2012. 1. 19

# 큰 얻음

아주 평범한 진리
잃은 것이 크면 얻는 것도 크다

큰 병을 치르고 나니
내가 팔불출이 되고 말았다

아들딸들이 이렇듯
효자 효녀일 줄은 미처 몰랐다

다들 너무 바쁘게 살다 보니
우리 가족이 이렇게 화목할 줄도 몰랐다

바쁜 일과를 쪼개 가며
서로 돕고 화기애애하게 간병하는 모습

잃었다고 억울해만 하지 않으련다
얻은 것을 고맙게 생각하며 즐겁게 살아야지.

2012. 1. 24

# 어머니 아버지시여!

어머니 아버지시여!
위신력이 그리도 대단하실 줄 몰랐습니다
저승문턱까지 간 저를 구해 주시다니 감사감사 감사할 따름입니다

어머니 아버지시여!
저의 불찰로 입원 중이라 지난번 추석 차례와 성묘를
생전 처음으로 뫼시지 못하여 죄송죄송 죄송할 따름입니다

어머니 아버지시여!
이번처럼 남의 입에 오르내릴만한 돌연변사가 될 뻔한 일로
어머니 아버지 음덕(蔭德)에 누가 되는 일을 저지르지 않도록
조심조심하고 성심을 다하겠습니다

어머니 아버지시여!
죽음도 인간이 만드는 일 타의에 의해 끌려가지만 않고
자의가 가미된 품격 높은 죽음이 되도록 도에 정진하겠습니다

어머니 아버지시여!
저에게 주어진 못다 한 일을 말끔히 마무리 짓도록
남은 힘을 다함으로써 이 세상에 태어난 뜻을 이루려 합니다

어머니 아버지시여!
정성을 다하여 제사 및 차례 성묘를 모시겠으며
다른 조상님 받드는 데도 소홀함이 없도록 노력하겠습니다.

2012. 정월 초하루
불효자 두현 올림

# 보장받은 내일이 없는데

뉘인들 오늘 할 일을 내일로 미루려 하겠는가
뉘인들 착한 일을 내일로 미루려 하겠는가
뉘인들 나쁜 일을 저질러 죄를 지으려 하겠는가
뉘인들 화를 내어 남의 원한을 사려 하겠는가
뉘인들 탐욕을 내어 남의 손가락질을 받으려 하겠는가
뉘인들 나누어 줄 것을 내일로 미루려 하겠는가
뉘인들 남을 험담하여 욕을 먹으려 하겠는가
뉘인들 남을 칭찬해 줄 일을 내일로 미루려 하겠는가
뉘인들 은혜 갚을 일을 내일로 미루려 하겠는가
뉘인들 주변을 말끔히 정리하는 일을 게을리 하겠는가
뉘인들 사랑한다는 말을 내일로 미루려 하겠는가
뉘인들 들에 핀 예쁜 꽃을 꺾어 집으로 가져오려 하겠는가.

2012. 2. 26

## 골방 속 다람쥐

봄이
오는지 가는지

색으로도
냄새로도
피부로도 느낄 수 없어

라일락 향수
몇 방울 찍어 바르고
봄의 맛을 음미(吟味) 한다.

2012. 3. 25

# 온실 속 꽃나무

창밖엔
흰 눈이 내리는데

우리는
예쁜 꽃을 피우니
모르는 게 너무나 많은 딴 세상

배고픔이 무언지
목마름이 무언지
추운 게 무언지
뜨거운 게 무언지
세찬 비바람이 얼마나 무서운지

창밖을 내다보며
고생하는 재들을 불쌍하다 했는데

요즈음은 아니야
누구의 도움 없이 살아가는 게 부러워

키도 마음대로 크고
뿌리도 마음대로 뻗어 나갈 수 있는 자유까지

우리는 양계장 닭꼴이야
꽃 못 피우면 그날로 버림받을 테니

어찌하면 내뺄까
밤잠을 설쳐 보지만 묘안이 떠오르지 않네

태풍이라도 불어와
지붕을 날려버려라 기도라도 하고 싶은 심정.

2012. 3. 28

## 봉투라지 나무 덩이들

누가 봐도
땔감으로밖에 보이지 않을 나무 덩이

태백산맥 깊은 산속
자라던 소나무 죽어 썩고 남은 해골

이제는 수거할 수도
수거하는 이도 없어 점점 희귀해져 버린

진귀한 보물
저들 아니면 내 불상조각의 취미는 사라져

차고 한구석에 쌓인 70여 덩이
왕비 간택이라도 바라는 듯 눈망울이 초롱초롱

볼품은 이래도 속은 알차
어떤 어떤 특징이 있노라고 종알종알 대면서

저요 저요 손을 번쩍 치켜들어
자기 먼저 간택해 주길 바라는 걸 보기 민망해

불상 하나 조각하는 게

너무 시간이 걸려 누군가는 남게 되리니 더욱

마음만 급해진다
몸이 하루빨리 회복되어 한 분이라도 더 조성되길.

2012. 4. 16

# 격조 있는 작품

재료는
아주 아주 충분하다

70평생 겪은
산전수전에서 얻은 기묘한 재료

죽음의 문턱까지
다녀오면서 얻은 희귀한 재료

두 번의
지옥체험에서 얻은 진귀한 재료

이를 다 갖췄으니
훌륭한 작품으로 세상에 보답해야지

문제는 이들을
아울러 격조 있는 작품을 만드는 일

만들어 낼 사람은
이미 예전의 만들던 이가 아니다

서두르지 않고
한 손 한 손 움직이며 깊은 사색을 하련다.

2012. 1. 25

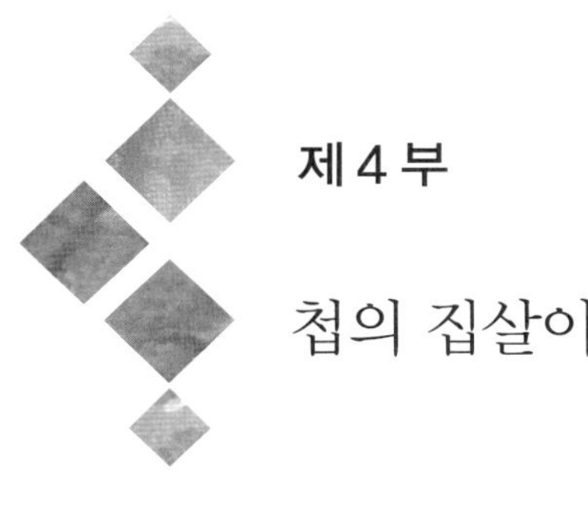

# 제4부

# 첩의 집살이

## 風霜雨露

# 첩(妾)의 집살이

지긋지긋해
지난해 첩의 집살이

무슨 꾐에도
넘어가지 않으리라

단단히 마음먹고
잠깐 들러 약이나 구하려다

꼼짝없이
발목을 또 잡히고 말았네

눌러 있으란다
그냥 나가면 큰일 난다고

발버둥 좀 치다가
강간당하는 기분 되어

첩의 방에 감금되니
막막하구나 막막해 언제 헤어날지.

2012. 4. 26

# 행복도 가지가지

여기 한 사나이가 있다
살아 숨 쉬는 것만으로 행복해야 하는

조금만 움직여도
조금만 일을 해도 탈이 나고 마니

마음을 고쳐먹는다
살아 숨 쉬는 것만으로 행복을 느끼자고

고쳐먹는 순간
행복 플러스 아닌 게 없다

보는 것
듣는 것
말하는 것
먹는 것
싸는 것
느끼는 것
생각하는 것
누굴 만나는 것 어느 것 하나

행복만 존재하고

불행은 발붙일 곳이 없다
목숨이 붙어 있어 숨이 멈추지 않는 한.

2012. 4. 26
세 번째 첩의 집살이를 시작하며

# 병을 키운 회복기

신주 모시듯 했다
자그마치 5개월간의 긴긴날을

도질세라
겨우내 현관문도 안 나가며

조금만 통증이 와도
걷기 연습을 멈추고 얼음찜질

이러면서 낫는 것이리라
봄이 되어 사나흘에 한 번씩

반나절 사무실에 나갔더니
점점 통증이 심해지고 열이 올라

첩의 집을 찾아가니
X-RAY도 찍고 M.R.I도 찍더니만

뼈와 뼈 사이가
만성염증으로 녹아 수술을 해야 한다네

병을 키운 거여

정성을 다해 열심히 노력한 회복기가

환자나 의사나 한계
병이 낫고 있는 건지 크고 있는 건지도 모르니.

2012. 4. 28

# 너무 연연치 말자

일이든
취미든
명예든
건강이든
수명까지도
너무 연연(戀戀)치 말자

노력한다고
집착한다고
매달린다고
안될 것이 되는 게 아닐지니

물결치는 대로
바람 부는 대로
구름 가는 대로
몸이든 마음이든 맡겨 버리자

발버둥 치면 칠수록
달리는 인생은 궤도를 벗어나
탈선하리 탈선하리 탈선밖에 더하겠는가.

2012. 4. 26
세 번째 첩의 집살이에 들어가며

# 병원이 없다면

천국일까
지옥일까 아리송하지만

돈 있는 사람이나
돈 없는 사람이 공평할 테니 천국

수명이 짧아
아픈 노인 인구가 적을 테니 천국

고령자가 적어
젊은이들이 활개를 칠 테니 천국

자식들이
부모 모시기를 덜 꺼려할 테니 천국

살 희망이 없는 환자가
입원하여 고통받지 않을 테니 천국

사회에 기여 못 할 환자가
나라 돈만 축내는 일이 없을 테니 천국

오래 살아야 큰일을 하는 것도 아니다
위대한 스승 세종대왕도 54세에 서거했다.

2012. 4월 병실에서

# 몸에 칼을 대다니

70평생 처음 있는 일
전신마취를 하고 몸에 칼을 댄다는 게

부산 대구 할 것 없이
바쁜 4남매에다 누나 동생까지 몽땅 왔지

마취에서 못 깨어날지도 몰라
작은아들에게 뫼 자리 확인도 시키고

한 식구 한 식구
하나하나 악수를 하면서 수술실로 향했다

코에다 마취제를 대자마자 정신을 잃고
얼마가 지나 깨어나니 수술이 잘 됐단다

뼈가 녹아 있어 깨끗이 씻어내고
심하게 패인 곳은 콘크리트로 메웠단다

깁스를 한 발에
목발을 꼭 짚어야 움직일 수 있는 몸

꼼짝없이 매여

침대에 누워서 지내는 삶이 시작되었다

수술을 지켜보며
몇 시간씩 가슴 졸였을 가족들에게 감사하며.

2012. 5. 2

# 첩(妾)의 음식 솜씨

너무나 없다
작은마누라 음식 솜씨가

상큼한 맛은
찾을 수 없고 느글느글하니

지난 두 번이야
몸도 쇠약하고 항생제 탓인가 했지만

이번에도 마찬가지
고춧가루 후춧가루 고추장 다 동원해도

첩이 잘하는 거라곤 없다
침대에 들어눕히는 재주 말고는

음식 맛없다 하면 구박받을라
만드느라 애쓰지 말고 사 먹지 사 먹자

안면 몰수하고
하루 한 끼는 본처에게 부탁도 해 가며

하루 두 끼를

이것저것 사 먹는다는 것도 피곤한 일

하기야
음식까지 잘하며 남의 첩살이 뉘 하리.

2012. 5. 18

## 고달픈 두 집 살림

어찌 어찌하다
두 집 살림을 일 년 가까이 하고 있다

절반가량은 본가
절반가량은 첩의 집에서

예쁜 첩이라면
얼마나 즐거우련만 그것도 박색에

한 번 발목을 잡히면
인정사정없이 붙들고 늘어진다

호강도 못하고
돈만 펑펑 써야 하니 죽을 지경

첩도 보통 첩인가
허구한 날 바늘로 찌르고 칼까지 쓰는데

서방을 죽여도
면책특권을 가지고 있는 악처 중의 악처라

정신이 똑바로 박혔다면

이런 두 집 살림이란 할 게 못 된다

오늘도 궁리궁리 중이다
잡힌 발목에서 벗어날 묘책을 잠을 설치며.

2012. 5월 병실에서

# 세브란스병원 三天王

三天王이 있다
세브란스병원 입구에는

휠체어 몸이라
정면으로는 보진 못 했지만

하나는
굽은 어깨 짜리몽땅한 체구에 침팬지형

하나는
삐쩍 마른 체구에 꼿꼿한 시골 교장형

하나는
뚱뚱한 체구에 좀 세련돼 보이는 외국인

살아서
얼마나 많은 공을 세웠기에 三天王까지

죽어서도
편히 쉬지도 못 하고 꼿꼿이 선 채로

낮이나 밤이나

비가 오나 눈이 오나 정문을 지키는가

측은한 마음이 든다
어찌 사는 게 잘 사는 건지 헷갈리게 하네.

2012. 5
휠체어 산책을 하며

# 성형외과 전문의

성형외과 전문의일까
알렌 박사의 얼굴에 불을 대는 저 친구

빨리 가서 확인을 해야지
자격증 제시를 못 하면 혼쭐을 내리라

단단히 벼르면서
간병인을 독려해 휠체어로 달려갔지

오랜만에 호통 한 번 치려 했는데
얼굴 성형수술이 아니라 안경테 수리라

안경테 수리공한테
자격증 제시를 요구한다는 게 뭐해서

잠시 있자니 화장을 시키는 게야
그렇다고 메이크업 자격증 제시도 뭐해서

잠자코 구경만 하다가
윤기 나는 알렌 박사의 얼굴에 만족하며 돌아섰다

울적한 나날을 보내다가
큰소리 한 번 칠 찬스는 수포로 돌아가고 말았다.

2012. 5. 14
세브란스 알렌 박사 흉상(胸像) 앞에서

## 어버이날은 없애야

효도하는 녀석은
어버이날이 따로 필요 없고

불효하는 녀석은
어버이날이 있는 줄도 모른다

어버이들은
자식이 효자인지 불효자인지 확인할 따름

구태여
불효자식 낙인찍어 마음에 상처 남기리

또한 베풀고
받으려는 것 같아 마음까지 씁쓸하네

없애라 없애라 어버이날
차라리 어버이로부터 해방의 날은 어떨까.

2012. 5. 8
병실에서 맞는 어버이날

# 아름다운 화분

스승의 날에
세브란스 선생님께 감사를 드립니다　　1838년생
○○○의료원장

스승의 날에
알렌 선생님께 감사를 드립니다　　1858년생
○○○의료원장

스승의 날에
조동수 선생님께 감사를 드립니다　　1908년생
○○○의료원장

스승의 날에
○○○ 선생님께 감사를 드립니다　　1938년생
○○○의료원장

1938년생엔 흉상도 화분도 없어라.

2012. 5. 15

# 아득한 한 달

깁스에 목발로
한 달을 지내야 한다니

흘려보낸
세월은 눈 깜짝할 사이인데

왜 이리도
아득하게만 느껴지는 건가

아마도 이 고비 끝에
희망이 기다리고 있기 때문일 거야

만약 죽음이 가다린다면
한 달이 아니라 일 년도 쏜살같으리

그러고 보니
응석이야 응석 행복한 투정일 뿐이야

넘자 넘어 묵묵히
한니발 군대가 겨울 알프스를 넘듯

반기리 반기리라
아름다운 여인이 맛난 포도주를 들고.

2012. 5. 19
첩의 집을 떠나며

# 스승의 날의 허무

한평생 가르친
수많은 제자는 있었는데

한 놈도 없구나
스승의 날 챙겨 주는

현역이면
불이익 받을까 챙기는 놈도 있다지만

퇴역한 스승
아무도 찾아주지 않으면

어이 하리 어이 하리
허무하고 쓸쓸하고 주위에 민망한 마음

속이나 썩이려면 몰라도
허례가 되어 버린 스승의 날 두어 무엇하리.

2012. 5. 15
병실에서 느끼는 스승의 날

# 슬그머니 놔주네

첩도 싫증이 났나
단물을 다 빨아 먹어서인가

지구 끝까지라도
따라붙을 듯 발목을 잡더니

슬그머니 놔주네
서둘러 줄행랑을 쳐야지

두 번 다시는
부르지 말았으면 좋으련만

작은마누라 변덕
도무지 예측하기 어려워

다짐하고 다짐한다
불러도 불러도 오지 않으리라.

2012. 5. 19

## 한가로움의 미학

새벽같이 일어나야
잘 사는 건 줄 알았는데

해가 똥구멍을 받쳐
일어나도 안 되는 일이 없다네

부지런 떨 일 없으니
책 펴 들고 읽으며 졸며 하면 되고

써도 되고 안 써도 되는 시는
시상이 떠오를 때만 쓰면 되고

식욕이 좋아 먹을 만하니
이것저것 청하여 즐기면 되고

몸 풀고 싶으면
보료에 누워 구르기만 하면 되고

해가 넘어가면
일찍 잠자리에 들어 꿈이나 꾼다네

한가로움이 여기에 이르니
불로장생한다는 신선인들 부러우랴.

2012. 6. 3
삼인삼각 시기에

# 삼인삼각(三人三脚)

호흡 맞추기가
이인삼각(二人三脚) 경기도 어려운데

나는 요즈음
삼인삼각 생활을 하느라 고생이다

오줌이 급해도
빨리 화장실로 달려가 누울 수가 있나

방바닥에
앉았다가 혼자 일어날 수가 있나

바닥에 떨어진
물건을 거뜬히 집어 올릴 수 있나

엎친 데 덮친 격으로
오른쪽 발목을 다치지 않도록 해야 하니

무심한 목발 친구와
호흡을 맞춰가며 살아가기가 힘들 수밖에

바라고 바랄 뿐
한 달 넘어 깁스를 풀게 될 때면 완쾌되길.

2012. 5. 21

# 다람쥐 쳇바퀴

목발만 뗀 다람쥐
잘도 돌린다 또 쳇바퀴를

빙글빙글
아무리 돌려 봐도 제자리인 걸

깔 깔 깔
웃어 댄다 재 바보 아니냐는 투로

할 일 없으면
낮잠이나 잘 일이지 비아냥거리며

산과 들로 나무 위로
쏜살같이 날아다니던 녀석을 잡아다 놓고

발목 잡힌 너
얼추 일 년이 되어 가는데 아직도

쳇바퀴를 돌리는구나
서재 마루를 하루에도 수십 번씩

깔 깔 깔
웃어 대겠지 덩치 큰 속 빈 다람쥐라고.

2012. 6. 20

# 발목 잡힌 너

엉엉엉 울고 싶으리
풀어 준다던 주치의가 말을 바꾸니

반년 이상 더 차야 한다니
바꿔도 바꿔도 너무 바꿔 그럴 수가

웃자 웃어 차라리 웃어 버려라
운다고 잡힌 발목 풀어 줄 리 없으니

정신이 맑고 오장육부가 튼튼
혈압 혈당 고지혈증도 끄떡없지 않은가

뛰어다닐 일만 아니라면
네가 하고 싶은 일 무엇인들 못하랴

스티븐 호킹 박사를 보라
눈 귀 입만 가지고도 위업을 달성하는데

네가 운다면
그야말로 사치야 사치 사람들이 웃을

껄껄 껄껄껄

세상이 떠나가도록 큰 소리 내어 웃고 웃어라

잡힌 발목 풀어질 때까지 쉼 없이.

2012. 7. 10

# 시가 아니었다면

입원 퇴원 칩거

입원 퇴원 칩거

입원 퇴원 칩거

세 차례씩이나
입원 기간 칩거 기간이 엇비슷한

피 말리는 입원
숨 막히는 칩거 기간

펄펄 날아다니던
비호가 근 일 년을 어찌 견디었을까

시가 아니었다면
아마도 지금쯤 우울증에 걸렸을 거다

누가 뭐라든
시는 나의 은인 누구보다 절친한 친구.

2012. 7. 9

저자와의
협약으로
인지생략

中里 韓斗鉉 全集 2
# 한두현 詩전집

초판 인쇄 2016 년 5 월 25 일
초판 발행 2016 년 5 월 30 일

지은이 | 한두현
펴낸이 | 김효열
편 집 | 이미정
마케팅 | 김효숙 · 김영미 · 박미옥

펴낸곳 | **을지출판공사**

등록번호 | 1985 년 2 월 14 일 제 2-741 호
주 소 | 서울시 구로구 가마산로27길 24, 319호
우편번호 | 08298
전 화 | 02) 334-4050
팩 스 | 02) 334-4010
이 메 일 | ejp4050@hanmail.net

값 35,000원

ISBN 978-89-7566-165-5
ISBN 978-89-7566-163-1(세트)

* 잘못 만들어진 책은 교환해 드립니다.